世界中の人に日本を伝えよう！

誰でもできる
日本紹介・英会話
大特訓

必携フレーズ 755

晴山 陽一
Hareyama Yoichi

Ｊリサーチ出版

⌘ はじめに

日本を「また来たい国」に！

　東京オリンピックの開催が決まったとき、「その頃には日本への旅行者は年間2,000万人を超えているだろう」と言われました。ところが、旅行者の激増はすでに現実化し、早くも2015年中に年間2,000万人に達する勢いです。それは、2013年の2倍の人数といいますから驚きです。2020年までに、日本を訪れる外国人は、累計で軽く1億人を突破するでしょう。これは、日本の人口にも匹敵する人数です。

　ところが、これらの旅行者を迎える日本人の英語力は、いまだに、はなはだ心もとない状態が続いています。そこで私は、「海外からの旅行者に日本滞在を楽しんでほしい！」、「多くの日本人に外国人と語り合う楽しみを味わってほしい！」という一心で、この本を編みました。

　この本は、日本人の民族性、生活、文化、芸術、産業、国土、歴史、そして未来性という8つのカテゴリーに分け、755個の例文を学びやすく、使いやすく整理し配列しました。どうか、この本と友達になり、1つでも多くの例文を言えるようになってください。

　私は数年前、スカイプ英会話でフィリピン人の先生たちに、日本の文化や風習を英語で説明するのを日課にしたことがあります。たとえば、日本の女性が結婚式で頭につける"角隠し"は、嫉妬心を隠すためなのだ、とか。すると、フィリピン人の若い女性の先生たちは、食いつくように聞いてくれました。また、説明する私

自身、日本について知らないことがいかに多いかを思い知らされました。

　ですので、この本は、あなたにとっても「日本再発見」の一冊になると思います。本書は、自国のことを知り、生きた英語が身につき、外国人の友達もでき、と一石三鳥の本なのです。

　1人でも多くの海外からの旅行者に、日本について知ってもらい、日本のファンになってほしいと思いませんか。

　多くの英語学習本は、あなたが一生使う可能性の低い英文で満たされています。それを暗記すれば、いつか英語が話せるようになる、という謳い文句とともに。

　しかし、この本は今日、あなたが町に出て使える英文の宝庫です。はるばる日本にやって来て、たまたまあなたと出会った外国人が、「また日本に来たい。もう一度あの人に会いたい」と言ってくれたら、どんなに素敵でしょう。

　本書を使って、今度こそ英語恐怖症にオサラバしましょう。

　この本を手に、町に出ましょう！　自信に満ちた笑顔とともに。

　最後に、本書の制作を手伝ってくださった旧友の大嶋敦子さん、何度も英文校閲をしてくださった、わが親友ジャニカさん、心をこめて編集してくださった新谷祥子さんに深く御礼申し上げたいと思います。

晴山陽一

CONTENTS

はじめに ……………………………………………………………………… 2
本書の利用法 ………………………………………………………………… 6

序章　さあ、日本を紹介しまくろう！ …… 9
Part 1　超万能おもてなしフレーズ　厳選51 …………… 10
Part 2　超お役立ち!　国際交流のコツ13 ……………… 22

第1章　日本人の生活 …………… 27

日本の家 …………28	年中行事〜春 ……30	年中行事〜夏 ……32
年中行事〜秋 ……34	年中行事〜冬 ……36	しきたり …………38
食事 ………………40	衣服 ………………42	付き合い …………44
旅行 ………………46	おまけフレーズ …48	ちょっとブレイク① …50

第2章　日本人とは …………… 51

日本人の国民性 ……52	和の心 ……………54	自然への思い ……56
職人気質 …………58	『もったいない』 …60	義理・人情 ………62
学校 ………………64	言葉 ………………66	恥 …………………68
日本情緒 …………70	おまけフレーズ …72	ちょっとブレイク② …74

第3章　食から禅まで　日本の文化 …… 75

短歌・俳句 ………76	文学 ………………78	茶道・華道・書道 …80
囲碁・将棋 ………82	食文化 ……………84	スポーツ …………86
言語 ………………88	言葉づかい ………90	禅 …………………92
世界遺産 …………94	おまけフレーズ …96	ちょっとブレイク③ …98

第4章　雅！風流！ 芸術の世界 ……… 99

歌舞伎 …………… 100	能・狂言・文楽 …… 102	琴・琵琶・三味線・尺八 … 104
落語・漫才 ……… 106	浮世絵 …………… 108	漆器・陶磁器 ……… 110
織物 ……………… 112	和菓子 …………… 114	日本庭園 …………… 116
国宝 ……………… 118	おまけフレーズ …… 120	ちょっとブレイク④ …… 122

第5章　産業について語ろう！ ……… 123

産業国日本 ……… 124	工業 ……………… 126	農林水産業 ………… 128
製造業 …………… 130	IT産業 …………… 132	サービス業 ………… 134
日本製 …………… 136	環境関連技術 …… 138	バブル経済 ………… 140
世界1位の日本 …… 142	おまけフレーズ …… 144	ちょっとブレイク⑤ …… 146

第6章　国民的基礎知識① 国土と環境 ……… 147

地形 ……………… 148	山・川・湖 ……… 150	気候 ………………… 152
季節 ……………… 154	環境 ……………… 156	人口 ………………… 158
天災 ……………… 160	交通 ……………… 162	豊かな自然 ………… 164
都市と農村 ……… 166	おまけフレーズ …… 168	ちょっとブレイク⑥ …… 170

第7章　国民的基礎知識② 歴史 ……… 171

日本の由来 ……… 172	日本人の起源 …… 174	天皇 ………………… 176
縄文・弥生・大和時代 … 178	奈良・平安時代 …… 180	鎌倉時代 …………… 182
南北朝・室町時代 … 184	安土桃山時代 …… 186	江戸時代 …………… 188
明治・大正・昭和・平成時代 … 190	おまけフレーズ …… 192	ちょっとブレイク⑦ …… 194

第8章　未来へ向けて 新しい魅力 ……… 195

建造物 …………… 196	ポップカルチャー …… 198	現代芸術 …………… 200
『おもてなし』 …… 202	『カワイイ』文化 …… 204	東京オリンピック …… 206
世界で活躍する日本人 … 208	日本を愛する外国人 … 210	クール・ジャパン …… 212
日本ブーム ……… 214	おまけフレーズ …… 216	ちょっとブレイク⑧ …… 218

本書の使用法

本書は、「序章 さあ、日本を紹介しまくろう!」から始まります。本格的に日本紹介の大特訓に取り組む前に、ウォーミングアップとして、外国人をおもてなしするための「51の超万能フレーズ」と、イメージトレーニングとして「国際交流のコツ13」をやっておきましょう。続く第1章以降は、見開きごとに日本紹介のTOPICをまとめてあります。

この見開きのトピックを表します。フレーズはこのテーマに合ったものが集められています。

TOPIC 2 年中行事～春
Annual Event ～ Spring

ひな祭りや花見など、日本人にはおなじみの、春の行事を英語で紹介しましょう。

★	□1	「ひな祭り」は女の子のお祭りです。	▶ Hina matsuri ~.
★★	□2	女の子のいる家庭では、3月3日に人形を飾ります。	▶ Families with girls ~.
★	□3	彼らは娘の成長を祝います。	▶ They celebrate ~.
★	□4	桜を見ることで、人々は春の訪れを喜びます。	▶ People welcome ~.
★★	□5	人々は木の下で酒を飲み、花の美しさを楽しみます。	▶ People drink ~.
★	□6	この習慣を「花見」といいます。	▶ This custom is ~.
★★	□7	5月5日には男の子の健康な成長を祈ります。	▶ People pray ~.
★★	□8	この日は家の中に「兜」を飾り、家の外には「鯉のぼり」を泳がせます。	▶ On this day, ~.

日本語を見て、英語で言う訓練をしましょう。ページの右側には、英文の最初の部分がヒントとして掲載してあります。

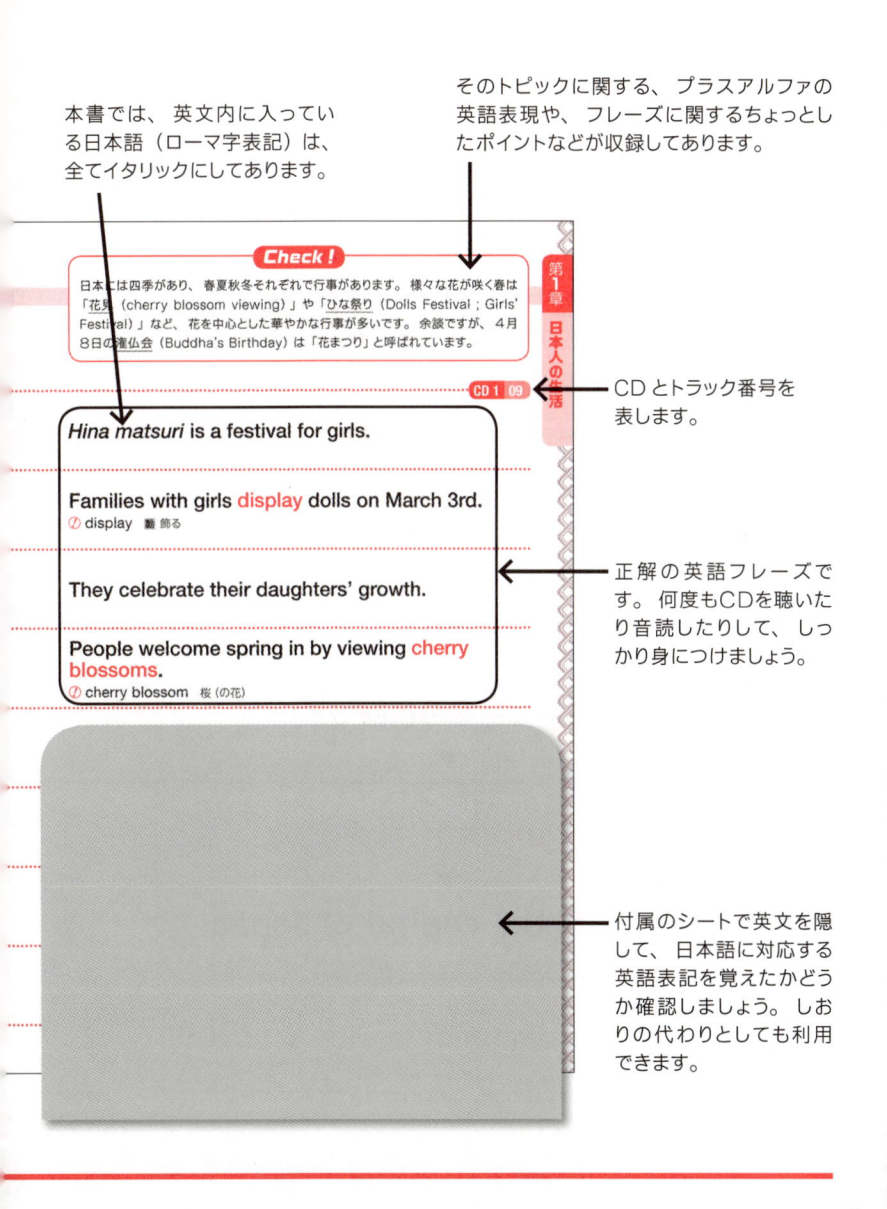

本書では、英文内に入っている日本語（ローマ字表記）は、全てイタリックにしてあります。

そのトピックに関する、プラスアルファの英語表現や、フレーズに関するちょっとしたポイントなどが収録してあります。

Check!

日本には四季があり、春夏秋冬それぞれで行事があります。様々な花が咲く春は「花見 (cherry blossom viewing)」や「ひな祭り (Dolls Festival ; Girls' Festival)」など、花を中心とした華やかな行事が多いです。余談ですが、4月8日の灌仏会 (Buddha's Birthday) は「花まつり」と呼ばれています。

CD1 09

第1章 日本人の生活

Hina matsuri is a festival for girls.

Families with girls display dolls on March 3rd.
⑦ display 動 飾る

They celebrate their daughters' growth.

People welcome spring in by viewing cherry blossoms.
⑦ cherry blossom 桜（の花）

CDとトラック番号を表します。

正解の英語フレーズです。何度もCDを聴いたり音読したりして、しっかり身につけましょう。

付属のシートで英文を隠して、日本語に対応する英語表記を覚えたかどうか確認しましょう。しおりの代わりとしても利用できます。

CDの使い方

- CDは2枚あり、本の左ページの「日本語」と右ページの「英語フレーズ」が、どちらも録音されています。
- 「日本語」→（ポーズ）→「英語フレーズ」の順番で録音されているので、日本語のあとに自分で声に出して英語を言う練習ができます。

CD録音例

【例】

「東京は日本の首都です」

▼

（ポーズ）
★ここで、自力で英語を言ってみましょう。

▼

Tokyo is the capital of Japan.

★自分の英語が正しいかどうか確認しましょう。

序章

さあ、
日本を紹介しまくろう!

　まずは少し、ウォーミングアップとイメージトレーニングをしましょう。

　Part 1で、日本で外国の方を案内するときに必ず使える超万能な51の"おもてなしフレーズ"を覚えましょう(どれも短くなじみのあるものばかりです)。

　そして Part 2で、外国人と英語で話をするときに、心がけておきたい"13のコツ"を読んで確認しておくと、スムーズにコミュニケーションをとれるようになるはず!

Part 1
日本紹介の本番前に、まずはここから! 覚えて使おう!
超万能おもてなしフレーズ
厳選 51

Part 2
外国人と英語で会話って…緊張する!というあなたへ
超お役立ち!
国際交流のコツ 13

Part 1

日本紹介の本番前に、まずはここから！ 覚えて使おう！

超万能おもてなしフレーズ厳選51

●お出迎え

☐ 1	空の旅はいかがでしたか？	▶ How ~?
☐ 2	今晩泊まるホテルの予約はしてありますか？	▶ Did you ~?
☐ 3	何か私でできることはありますか？	▶ Is there ~?
☐ 4	お荷物をお持ちしましょう。	▶ Let me ~.
☐ 5	タクシーを呼びましょう。	▶ Let me ~.
☐ 6	ここに車を回しますので、しばらくお待ちください。	▶ I'll bring ~.
☐ 7	ホテルに着いたら、食事を一緒にしませんか？	▶ After we ~?

「外国人に日本のあれこれを紹介するフレーズ」を本格的に特訓する前に、まずはウォーミングアップ！ オールマイティに使える"おもてなし英会話フレーズ"を覚えてしまいましょう。具体的に場面をイメージしながら、日本語を見て、それを英語で言ってみましょう。

CD 1 | 02

How was your flight?

Did you make reservations for a hotel tonight?

Is there something I can do?

Let me help you carry your bags.

Let me call a taxi.

I'll bring my car here, so please wait a moment.

After we get to the hotel, would you like to have dinner with me?

☐ 8	明日は何時にお迎えに来ましょうか？	▶ What time ~?
☐ 9	明日、市内をご案内しましょうか？	▶ Would you ~?
☐ 10	日本にはどれくらい滞在する予定ですか？	▶ How long ~?

● **さあ観光に出かけよう**

☐ 11	いい天気ですねえ！	▶ It's a ~?
☐ 12	夕べはよく眠れましたか？	▶ Did you ~?
☐ 13	約15分で到着する見込みです。	▶ We will ~.
☐ 14	約15分ぐらいかかります。	▶ It takes ~.
☐ 15	滞在中に一度、歌舞伎を観に行きたいですか？	▶ Would you ~?
☐ 16	今日は、私が買い物のお供をしましょう。	▶ Would you ~?

What time shall we come for you tomorrow?

Would you like me to give you a tour of the city tomorrow?

How long are you going to stay in Japan?

It's a beautiful day, isn't it?

Did you sleep well last night?

We will arrive in about 15 minutes.

It takes about 15 minutes.

Would you like to see *kabuki* while you're here?

Would you like me to go shopping with you?

■ 17	東京で、特に何か興味をお持ちのことがありますか？	▶ Is there ~?
■ 18	これはよい思い出になると思います。	▶ I think this ~.
■ 19	これは日本のよい記念品になると思います。	▶ I think it's ~.
■ 20	この店をのぞいてみませんか？	▶ Why don't ~?
■ 21	あなたはそれをすでに試しましたか。	▶ Did you ~?

● 旅の大きな楽しみ＝食事

■ 22	典型的な日本料理を食べてみませんか。	▶ I'd like to ~.
■ 23	夕食にすきやきはいかがですか？	▶ Would you ~?
■ 24	和食か中華か、それとも他のものになさいますか？	▶ Are you ~?
■ 25	寿司を食べたことはありますか？	▶ Have you ~?

Is there anything you're particularly interested in in *Tokyo*?

I think this will make a good memento.

I think it's an ideal Japanese souvenir.

Why don't we check out this shop?

Did you try that already?

I'd like to take you out for a typical Japanese dinner.

Would you like to have *sukiyaki* for dinner?

Are you in the mood for Japanese, Chinese, or some other kind of food?

Have you ever had *sushi* before?

■26	肉は召し上がりますか？	▶ Do you ~?
■27	お口に合って何よりです。	▶ I'm glad ~.
■28	食べたことのないものはありますか？	▶ Is there ~?
■29	（アレルギーで）食べられないものはありますか？	▶ Is there ~?
■30	あなたはそれを食べてみたいですか。	▶ Would you ~?
■31	飲み物はいかがですか？	▶ Would you ~?
■32	米は日本人の主食です。食事ではたいてい米を食べます。	▶ Rice is ~. It's ~.
■33	ご飯はお代わりできます。	▶ You can ~.
■34	酒は米から作った日本のワインです。	▶ Sake is ~.

Do you eat meat?

I'm glad you liked it.

Is there anything you don't eat?

Is there anything you can't eat (due to allergies)?

Would you like to try eating that?

Would you like something to drink?

Rice is our basic food. It's usually served at every meal.

You can get refills on the rice.

Sake is Japanese rice wine.

●自宅に外国人のお客様が！

■35	どうぞ気楽にしてください。	▶ Make ~.
■36	洋風の家でも、やっぱり靴はぬぎます。	▶ We take ~.
■37	日本でマンションと呼ぶのは分譲アパートのことです。	▶ A condominium ~.
■38	LDKとは、「リビング・ダイニング・キッチン」の略です。	▶ LDK stands ~.

●英語で雑談してみよう

■39	もう少しゆっくりお話いただけますか？	▶ Please ~.
■40	すみませんが、おっしゃっていることがわかりません。	▶ I'm sorry, ~.
■41	日本語の日常会話は、特に難しくはありませんよ。	▶ Simple ~.
■42	日本語の読み書きまで勉強しようとすれば大変です。	▶ It is hard ~.

Make yourself at home.

We take our shoes off even in Western-style homes.

A condominium is called a "mansion" in Japan.

LDK stands for "living, dining room, kitchen."

Please speak a little more slowly.

I'm sorry, but I don't understand.

Simple Japanese conversation isn't too hard.

It's hard to learn to read and write Japanese.

☐ 43	大人が漫画を読んでいるのを見るとびっくりしますか？	▶ Is it ~?
☐ 44	西暦とは別に、日本独自の「元号」も使います。	▶ In addition ~.

●お別れの場面にて

☐ 45	いろいろ見て回りましたが、いかがでしたか？	▶ Now that ~?
☐ 46	今日はお楽しみいただけたでしょうか？	▶ I hope ~.
☐ 47	お役に立てて光栄です。	▶ I'm glad ~.
☐ 48	お帰りの旅が楽しいものでありますように。	▶ I hope ~.
☐ 49	ずっと連絡を取り合いましょうね。	▶ Let's ~.
☐ 50	お気をつけて。	▶ Take ~.
☐ 51	また会いましょう。	▶ See ~.

Is it surprising to see adults reading comic books?

In addition to the Western calendar, we have our own eras (based on the life span of the Emperors).

CD 1 | 07

Now that you've visited a lot of places, what do you think?

I hope you enjoyed the day.

I'm glad to be of help.

I hope you'll have a pleasant trip home.

Let's keep in touch.

Take care.

See you again.

Part 2

外国人と英語で会話って…緊張する！というあなたへ

超お役立ち！
国際交流のコツ13

大きな声で言おう！

　小さな声でボソボソ言っても聞こえません。大きな声で自信をもって言うためには、お得意のフレーズを覚えておくといいでしょう。そのためにも、この本が役立つと思います。

コツ②

相手の目を見よう！

　目をそらすと、相手は「自分の話に興味がないのかな」と不信感をもつかもしれません。日本人は相手の目を見つめる習慣がないので、目をそらさないのは苦痛かもしれません。それなら、要所要所で目を合わすことを心がけましょう。なるべく頻繁にね。

気まずい沈黙を作らないこと！

　日本人は沈黙を重んじますが、概して英語話者は沈黙を嫌います。5秒、あるいは、たった3秒でも沈黙が続くと、耐えがたく感じる人もいるようです。

　即答できない場合でも、Well. とか Let me see. とか Give me a moment. などのつなぎの言葉を使って、時間かせぎをしましょう。あるいは、相手の発言の中の単語をそのまま繰り返して、「ジョンと?」みたいにおうむ返しするだけでも、相手の話に興味をもっていることを知らせることになり、絶大な効果があります。

ウォーミングアップの次は、イメージトレーニング！ 外国人と英語で会話する際に、心がけておくといい「13のコツ」を、わかりやすくまとめましたので、"本番前"に、一度読んで、心の準備をいたしましょう！

結論から、先に言おう！

あるイギリス人に聞いたところ、日本人の会話でいちばん苦痛なのは、フック（つかみ）がないことだと言っていました。つまり、話のテーマがまったく見えないまま会話が進む、というのです。英語話者と話すときは、結論を先に伝えると、とても会話がスムーズになります。日本流の「起承転結」式は、外国人には通用しません。

言いっぱなしにしないこと！

結論を先に言ったあと、理由や、実例を加えると、会話が立体的になります。

たとえば、ただ I like her. と言っただけでは、会話はふくらみません。I like her because she is kind.（親切だから）とか、I like her because she is considerate.（思いやりのある人だから）のように理由をそえれば、相手も同調し、「そういえば、こんなことがあったよ!」などと会話がふくらんでいきます。

間違いを恐れないこと！

日本の英語学習者は、ひとつ大きな勘違いをしています。英語教材についているCDテキストを聞きすぎて、外国人が常に完璧な美しい英語を、よどみなく話していると思い込んでしまうのです。

しかし、実際の会話では、外国人も、つっかえつっかえ話しますし、文法的な間違いも至るところで犯します。私たちは、完璧な英語で話す必要はありません。まして、自分の間違いを直そうとして悪戦苦闘する必要もありません。少しくらい間違えても、相手には理解できているし、むしろ話の先を聞きたがっているのです。

無理に発音をよくしようとしないこと！

　発音を気にしすぎて、うまく話せない人がいます。ふだんCDなどでお手本として聞いているアメリカ人の発音は、日本人のカタカナ発音とは最も遠い発音です。

　ただし、アメリカにも、いろいろな発音があります。CD通りの発音ばかりでないことを知っていたほうが、むしろリスニングが楽になります。たとえば water を「ワラ」などと発音すると、かって南部なまりの英語と取られたりします。カタカナ発音のほうがいいくらいなのです。

なるべく短い文で言おう！

　頭の中であれこれ「英作文」をしていると、気まずい沈黙がどんどん長くなってしまいます。なるべく短い英文を連ねて、こちらの意志をスピーディーに伝える練習をしましょう。

　たとえば、相手に何か頼みたい場合なら、I need your help. Do you have time? の2文でOKです。あまり回りくどい言い方をしていると、We are friends. You can get straight to the point.（友達でしょ。ズバッと要点言ってかまわないんだよ）などと言われてしまうかも…。

なるべく質問しよう！

　質問は、会話の潤滑油です。たったひとことの疑問詞でも、会話は弾みます。一例を示しましょう。

> ⓐ : **Let's go for lunch.** (ランチ行こうよ)
> ⓑ : **When?** (いつ?)
> ⓐ : **Tomorrow, OK?** (明日、どう?)
> ⓑ : **With whom?** (誰と行く?)
> ⓐ : **With John.** (ジョンと)

この会話で、「ランチは明日、2人だけじゃなくてジョンも一緒に」という自然な流れができました。

なるべく多く、合いの手を打とう！

たった1語の合いの手を挟むだけでも、会話はぐっと生き生きしてきます。

最低でも、次の10の合いの手は覚えておいて、いつでも繰り出せるようにしておきましょう。仏頂面で聞いていると、退屈していると誤解されますよ。

> □ **Exactly.** (おっしゃる通り)
> □ **Right.** (その通りだね)
> □ **Absolutely!** (その通り！ 必ずそうするよ！)
> □ **Certainly.** (確かに、かしこまりました)
> □ **Really?** (ほんとう?)
> □ **Awesome!** (すっごーい！)
> □ **Impossible!** (ありえない、そんなバカな！)
> □ **Excellent!** (素晴らしい、最高！)
> □ **Sorry.** (ごめん)
> □ **Thanks.** (ありがとう)

なるべく相手の知らない話をしよう！

たとえば、日本のお風呂について話す場合…。

We use a bath without changing the water.
(お湯を替えずに何人もがお風呂に入ります)

これだけでは、不潔な民族と思われてしまうかもしれません。そこで…。

The water isn't dirty, because we wash outside of the tub.
(汚くはないんです。バスタブの外で体を洗うから)

このように付け加えれば、不潔ではないことと、日本人の風呂の使い方を同時に説明することができます。なるべく相手が「ふーん」と言いたくなるように話をしましょう。

具体的な話をしよう！

抽象論だけでは説得力を持ちません。

たとえば、日本人の離婚について聞かれたとします。あいまいに、「日本人はあまり離婚しません」と言っても、相手には伝わりません。もっと具体的に、About one in every four marriages ends in divorce. (4組に1組は離婚に至ります)と話せば、相手の国と比べてどうなのかがはっきり伝わります。その結果、会話もおおいに弾むはずです。

日本人を一般化しないこと！

よく、日本人の風習や考え方が、他の国と全く異なることを強調しすぎる人がいます。しかし、「われわれ日本人は無宗教です」と言うつもりで、We Japanese are not religious. と言うと、日本には特定の宗教に帰依している人は1人もいないことになってしまいます。また、We Japanese love nature. (われわれ日本人は自然を愛します) と言うと、「では、他の国の人は自然を愛さないとでも言うのですか?」と突っ込まれてしまいます。We Japaneseは空疎な言葉だということを知っておきましょう。あなた自身のことを語りましょう！

第1章

日本人の生活

まずはいちばん身近な「生活」というテーマに関する日本紹介フレーズを練習してみましょう。家や年中行事、しきたりや食事など、普段から接しているものばかりですので、状況や事物をイメージしやすく、スタートとしてはぴったりなのではないでしょうか。

◆ TOPIC いちらん ◆

日本の家／年中行事～春／年中行事～夏／年中行事～秋／年中行事～冬／しきたり／食事／衣服／付き合い／旅行／おまけフレーズ

TOPIC 1

日本の家
Japanese House

最初は、もっとも身近なトピックスである、日本の「生活」について、英語で表現してみましょう。

★ 1	日本の住宅は主に、丈夫な木でできています。	▶ Most houses in ~.
★ 2	家を建てる前に私たちは「地鎮祭」をします。	▶ Before building ~.
★★ 3	それはその地元の守り神に許可をもらうための儀式です。	▶ It's a ceremony ~.
★★ 4	昔はほとんどの家に畳敷きの和室がありました。	▶ In the past, ~.
★ 5	今日では、和室と洋室があるのが一般的です。	▶ Today, most houses ~.
★ 6	日本では、玄関の扉は外側に開きます。	▶ The front doors ~.
★ 7	日本のお風呂には、洗い場があります。	▶ The Japanese ~.
★ 8	日本のお風呂は、普通トイレと離れています。	▶ The Japanese ~.

Check!

日本の家は、その造りやしきたり、様式など、西洋とは異なることばかりです。住居の構造は、従来は<u>木造2階建て</u>（two-storied wooden house）などが主流でしたが、最近は<u>鉄筋コンクリートの家</u>（reinforced concrete house）も増えてきています。reinforced concreteはRCと略せます。

Most houses in Japan are made of durable wood.
- durable 形 耐久性のある

Before building a house, we have a *jichin-sai* ceremony.

It's a ceremony to ask for permission from the local guardian god.
- permission 名 許可／guardian god 守り神

In the past, most houses had Japanese-style rooms with *tatami* floors.
- Japanese-style room 和室

Today, most houses have a mixture of Japanese and Western style rooms.
- mixture 名 混合

The front doors open outward in Japan.
- outward 副 外側に

The Japanese bathroom has a draining floor.
- draining floor （風呂場などの）流し

The Japanese bathroom is usually separate from the toilet
- be separate from ～と離れている

TOPIC 2

年中行事〜春
Annual Event 〜 Spring

ひな祭りや花見など、日本人にはおなじみの、春の行事を英語で紹介しましょう。

★
□ 1 │ 「ひな祭り」は女の子のお祭りです。 │ ▶ Hina matsuri 〜.

★★
□ 2 │ 女の子のいる家庭では、3月3日に人形を飾ります。 │ ▶ Families with girls 〜.

★
□ 3 │ 彼らは娘の成長を祝います。 │ ▶ They celebrate 〜.

★
□ 4 │ 桜を見ることで、人々は春の訪れを喜びます。 │ ▶ People welcome 〜.

★★
□ 5 │ 人々は木の下で酒を飲み、花の美しさを楽しみます。 │ ▶ People drink 〜.

★
□ 6 │ この習慣を「花見」といいます。 │ ▶ This custom is 〜.

★★
□ 7 │ 5月5日には男の子の健康な成長を祈ります。 │ ▶ People pray 〜.

★★
□ 8 │ この日は家の中に「兜」を飾り、家の外には「鯉のぼり」を泳がせます。 │ ▶ On this day, 〜.

Check!

日本には四季があり、春夏秋冬それぞれで行事があります。様々な花が咲く春は「花見 (cherry blossom viewing)」や「ひな祭り (Dolls Festival ; Girls' Festival)」など、花を中心とした華やかな行事が多いです。余談ですが、4月8日の灌仏会 (Buddha's Birthday) は「花まつり」と呼ばれています。

Hina matsuri is a festival for girls.

Families with girls display dolls on March 3rd.
① display 動 飾る

They celebrate their daughters' growth.

People welcome spring in by viewing cherry blossoms.
① cherry blossom 桜(の花)

People drink *sake* under the trees and enjoy the beauty of the blossoms.

This custom is called "cherry blossom viewing," or *hana-mi*.
① custom 名 習慣

People pray for their boys to grow up healthy on May 5th.

On this day, Japanese display a *kabuto* in a room and fly *koi-nobori* outdoors.
① 兜 = a helmet replica ／鯉のぼり = carp streamers

TOPIC 3

年中行事〜夏
Annual Event 〜 Summer

夏の年中行事といえば、浴衣や花火のある風景が思い出されますね。

★ □1	日本では夏祭りが盛んです。	▶	Summer festivals 〜.
★ □2	女性たちは色鮮やかな浴衣を着ます。	▶	Ladies wear 〜.
★ □3	夏祭りで彼女たちはとても華やかです。	▶	They look 〜.
★ □4	7月7日に七夕が行われます。	▶	On July 7th, 〜.
★★ □5	この日、2つの星、彦星と織姫が天の川で会うと言われています。	▶	Two stars, 〜.
★ □6	この日、人々は願い事を短冊に書きます。	▶	On this day, 〜.
★ □7	そして、それらを笹にぶら下げるのです。	▶	Then they 〜.
★★ □8	日本の打ち上げ花火は大きく色も多彩で、打ち上げ時間が長いです。	▶	Japanese rocket 〜.

> **Check!**
> 七夕（star festival）」は夏でいちばんロマンチックな行事でしょう。そのほかに、日本の夏の行事といえばやはり夏祭り（summer festival）。花火（fireworks）を見ながらたこ焼き（octopus ball cakes）や焼きそば（chow mein）を楽しみましょう。ただし、熱中症（heat illness）には要注意ですね。

CD 1 10

Summer festivals are very popular in Japan.

Ladies wear colorful *yukata*.

They look really gorgeous at summer festivals.
① gorgeous 形 華やかな

On July 7th, the *tanabata*, or "star festival" is held.

Two stars, Altair and Vega, are believed to meet across the Milky Way on this day.
① Altair and Vega 彦星と織姫／the Milky Way 天の川

On this day, people write down their wishes on strips of paper.
① strip of paper 短冊

Then they hang the strips of paper from bamboo trees.

Japanese rocket fireworks are big and have bold colors, and they can be seen for a long time.
① rocket firework 打ち上げ花火／bold 形 派手な

TOPIC 4

年中行事〜秋
Annual Event 〜 Fall

月見や紅葉など、日本ならではの情緒があふれる秋の年中行事を英語で言ってみましょう。

★ □ 1	秋は全国各地で運動会が行われます。	▶ In the fall, 〜.
★ □ 2	秋の季節行事の1つに「月見」があります。	▶ One of the 〜.
★ □ 3	秋の乾燥した空気で空が澄みわたります。	▶ The dry fall 〜.
★ □ 4	そのため、美しい月を見ることができるのです。	▶ That's why 〜.
★ □ 5	日本の人々は景勝地を訪れ、紅葉を眺めます。	▶ Japanese people 〜.
★ □ 6	「七五三」は11月15日の行事です。	▶ Shichi-Go-San 〜.
★★ □ 7	この日に両親と子供たちは晴着を着て神社にお参りします。	▶ On this day, 〜.
★★ □ 8	子供たちの健やかな成長を感謝します。	▶ They show 〜.

> **Check!**
> 障害物競走（steeplechase）や綱引き（tug-of-war）、組体操（Gymnastic formation）、創作ダンス（original dance)などの、運動会の競技名や、文化祭（Japanese Cultural Festival ; school festival）の模擬店（(refreshment) booth [stand]）なども、英語で説明できるといいですね。

CD 1　11

In the fall, there are athletic events all over the country.
- athletic event　運動会

One of the seasonal events in the fall is called *tsuki-mi*.
- seasonal　形 季節の／月見 = moon viewing

The dry fall air makes the sky look clear.

That's why we get a beautiful view of the moon.

Japanese people visit scenic areas and look at the red leaves.
- scenic area　景勝地

Shichi-Go-San is an event held on November 15th.

On this day, parents and their children dress up and visit a shrine.
- shrine　名 神社

They show gratitude for the healthy growth of their children.
- gratitude　名 感謝の気持ち／growth　名 成長

TOPIC 5

年中行事〜冬
Annual Event 〜 Winter

この季節はやはり年末からお正月の一連の行事がはずせませんね。しっかり説明できるようにしましょう。

★ ☐ 1	我々は年末に大掃除をします。	▶ We do a 〜.
★ ☐ 2	この日本の伝統を「すす払い」といいます。	▶ This Japanese 〜.
★ ☐ 3	大晦日の夜に家族でソバを食べます。	▶ Families eat 〜.
★★ ☐ 4	ソバは細長いことから長寿の象徴とされています。	▶ Soba noodles 〜.
★★ ☐ 5	お正月は1年でもっとも日本らしい時期です。	▶ New Year's 〜.
★ ☐ 6	「餅つき」は日本の寒い冬に行われる、にぎやかな行事です。	▶ Mochi-tsuki 〜.
★ ☐ 7	2月3日に「節分」を祝います。	▶ Setsu-bun 〜.
★ ☐ 8	鬼に扮した人に炒った豆を投げつけるのです。	▶ We throw 〜.

Check!

冬は日本的な行事が多い季節です。七草粥（rice porridge with seven herbs）は、セリ（water dropwort）、ナズナ（shepherd's purse）、ゴギョウ（cudweed）、ハコベラ（chickweed）、ホトケノザ（nipplewort）、スズナ（turnip）、スズシロ（radish）という春の七草（seven spring flowers）が入っています。

CD 1　12

We do a big cleaning of the house at the end of the year.

This Japanese tradition is called *susu-harai*.
- tradition　名 伝統

Families eat *soba* noodles on New Year's Eve.
- New Year's Eve　大晦日

Soba noodles symbolize a long life because they are thin and long.
- symbolize　動 ～を象徴する

New Year's is the most characteristically Japanese time of the year.
- characteristically　副 特徴として

Mochi-tsuki is a lively event in the cold Japanese winter.
- 餅つき = rice-cake making ／ lively　形 陽気な

Setsu-bun is celebrated on February 3rd.
- celebrate　動 祝う

We throw roasted soybeans at costumed ogres.
- costume　動 衣装を着る／ ogre　名 人食い鬼

第1章　日本人の生活

TOPIC 6

しきたり
Custom

日本独自のしきたりは、国際交流では避けて通ることができないトピックの1つです。

★★ ☐ 1	新年を迎えるため、私たちは家の前を飾り付けます。	▶	To bring in ~.
★ ☐ 2	これは年神様を迎えるためのしきたりです。	▶	This is a ~.
★ ☐ 3	日本人は家に入る前に靴を脱ぎます。	▶	Japanese remove ~.
★★ ☐ 4	箸の作法を知るうえで、重要なことがいくつかあります。	▶	There are ~.
★ ☐ 5	箸で食べ物を刺すのは行儀が悪いです。	▶	It's poor ~.
★★ ☐ 6	日本人は入浴の際、洗い場で体を洗います。	▶	When Japanese ~.
★ ☐ 7	それから、浴槽につかってくつろぎます。	▶	Then, ~.
★ ☐ 8	日本の結婚式は主に神道式とキリスト教式で行われます。	▶	Japanese weddings ~.

Check!

普段何気なくしていることが実は古くから伝わる日本のしきたりだ、と気付くことも多いでしょう。衣替えを英語で表現する際には、wardrobe rotation のみで通じます。「夏服と冬服の入れ替え」を説明しようとして、summer clothes and winter clothes are switched ... と細かく言わなくてもOKです。

CD 1 13

To bring in the new year, we decorate the front of the house.
- bring in ～を迎える

This is a custom to welcome *Toshigami*.
- 年神様 = the New Year's gods

Japanese remove their shoes before entering a house.
- remove 動 脱ぐ

There are a couple of important things to know about chopstick etiquette.
- chopstick 名 箸／etiquette 名 作法

It's poor etiquette to stab the food with chopsticks.
- stab 動 突き刺す

When Japanese take a bath, they first wash themselves on the draining floor.
- draining floor 洗い場

Then, they soak and relax in the bathtub.
- soak 動 浸かる

Japanese weddings are mainly held in the *Shinto*-style or Christian-style.

TOPIC 7 食事
Meal

世界文化遺産にもなった「和食」について、その特長を英語で伝えられるようになりましょう。

★★ □1	健康的な日本食は長寿の秘訣といわれています。	▶	It's said ~.
★ □2	「赤飯」は、おめでたい出来事のときに供されます。	▶	Seki-han ~.
★ □3	梅干しは食べ物が腐るのを防ぐのに使われます。	▶	Umeboshi is ~.
★ □4	みそは大豆からできています。	▶	Miso is ~.
★ □5	みそ汁はよく「おふくろの味」と言われます。	▶	It's often ~.
★★ □6	それはアメリカ人にとってのママのアップルパイのようなものです。	▶	It's just ~.
★★ □7	ご飯を中心に、一汁三菜が日本食の基本です。	▶	A typical Japanese ~.
★★★ □8	日本食の特長の1つは、素材の味をいかした味付けです。	▶	One characteristic ~.

> **Check!**
> 日本人の食事の基本は、やはりご飯とみそ汁ですね。「みそ」はそのまま miso で通じます。材料を説明する場合は be made of [from] ～（～でできている）を使って表現しましょう。みそ以外でも、豆腐（tofu）や寿司（sushi）、最近では枝豆（edamame）など、そのまま英語として通じるものも多くあります。

CD 1　14

It's said that healthy Japanese food is the secret to longevity.
- longevity 名 長生き

Seki-han is served at celebratory events.
- 赤飯 = red bean rice ／ celebratory 形 祝賀の

Umeboshi is used to preserve food.
- 梅干し = pickled plum ／ preserve 動 保つ

Miso is made from soybeans.
- be made from　～でできている

It's often said that *miso* soup is "mom's home cooking."

It's just like mom's apple pie for Americans.
- just like　～のように

A typical Japanese meal consists of rice, a bowl of soup and three dishes.
- consist of　～から成り立つ

One characteristic of Japanese cuisine is to bring out the natural flavors of the ingredients.
- bring out　（特徴などを）引き出す／ ingredient 名 材料

TOPIC 8

衣服
Clothes

ここでは、日本の伝統的な衣服＝着物について、その特長を英語で紹介してみましょう。

★★
☐ 1 | 着物は、世界で最も美しい民族衣装のひとつです。 | ▶ The kimono 〜.

★
☐ 2 | 着物にはたくさんの種類があります。 | ▶ There are 〜.

★
☐ 3 | 女性は年齢によって着る着物も異なります。 | ▶ Ladies wear 〜.

★
☐ 4 | 未婚の女性は振袖を礼装として着ます。 | ▶ Unmarried 〜.

★
☐ 5 | 「振袖」は袖の長い着物です。 | ▶ Furi-sode 〜.

★★
☐ 6 | 「帯」はベルトであるだけでなく、着物のための美しい装飾品でもあります。 | ▶ Obi is a 〜.

★
☐ 7 | 「浴衣」は夏に着るおしゃれな着物です。 | ▶ Yukata 〜.

★
☐ 8 | それはまた入浴後に着るものでもあります。 | ▶ It's also 〜.

> **Check!**
> 日本人のファッションは多様化してきており、若者を中心に海外での人気（評判）も高いです。「ギャル」や「ゴスロリ」、「森ガール」「ヴィジュアル系」など、独特の表現が多く、正確なニュアンスを英語で言うのは至難のワザ。そんなときは言葉と画像や映像を併用するのもオススメです。

The *kimono* is one of the most beautiful national costumes in the world.
- national costume　民族衣装

There are many kinds of *kimono*.

Ladies wear a different *kimono* depending on their age.

Unmarried women wear *furi-sode* as ceremonial dresses.
- ceremonial dress　礼服

Furi-sode is a long-sleeved *kimono*.
- long-sleeved　長袖の

Obi is a sash, but it's also a decorative accessory for the *kimono*.
- sash　名 帯；サッシュ／decorative　形 装飾的な／accessory　名 付属品

Yukata is a fashionable summer *kimono*.
- fashionable　形 おしゃれな

It's also worn after taking a bath.
- take a bath　入浴する

TOPIC 9 付き合い
Association

日本独特の、人との付き合いに関するお約束やしきたりなどを今一度確認し、それを英語で言ってみましょう。

★
□ 1 　「女子会」は、文字通り女性たちの食事会を意味します。
▶ Joshi-kai ~.

★
□ 2 　女子会は概して「合コン」よりも活気があります。
▶ Joshi-kai ~.

★★
□ 3 　「合コン」は、若い男女が集うパーティーです。
▶ Goukon ~.

★
□ 4 　自治会は地域社会の発展に寄与します。
▶ Residents' ~.

★
□ 5 　それは地域住民同士の交流を深めます。
▶ They promote ~.

★★
□ 6 　戦前は3世代の家族が同居することが多かったです。
▶ There were ~.

★
□ 7 　最近、核家族の数が増えています。
▶ Recently, ~.

★★
□ 8 　「井戸端会議」とは、主婦たちが井戸の近くで噂話することを意味しています。
▶ Idobata-kaigi ~.

> **Check!**
> 戦後、日本では核家族化（trend toward the nuclear family）が進み、地域に根付いた交流が希薄になりつつありましたが、最近ではそういったことが見直されつつあるようです。get along well with one's neighborhood で「近所づきあいがよい」を表します（「悪い」場合は doesn't をつけます）。

CD 1　16

Joshi-kai literally means a ladies' luncheon or dinner party.
- literally　副 文字どおりに／luncheon　名 昼食会

Joshi-kai is typically more lively than *goukon*.
- typically　副 概して／lively　形 元気いっぱいな

Goukon is a joint party where young women and men gather.
- gather　動 集合する

Residents' associations help to develop the community.
- residents' association　自治会／community　名 地域（社会）

They promote good relationships among the local residents.
- promote　動 促進する／resident　名 居住者

There were a lot of three-generation families living together before World War II.
- three-generation family　3世代（同居）家族

Recently, the number of nuclear families has been increasing.
- nuclear family　核家族

Idobata-kaigi means housewives' gossip by the side of a well.
- gossip　名 噂話

TOPIC 10 旅行
Trip

国内旅行をしようと考えている外国人に、日本の"いいところ"をちょっと紹介してみましょう。

★
□1 | 日本には山と港がたくさんあります。 | ▶ Japan has ~.

★
□2 | そのため美しい夜景を楽しむことができます。 | ▶ Therefore, ~.

★
□3 | 函館・神戸・長崎は日本三大夜景です。 | ▶ The three ~.

★
□4 | 日本にはたくさんの名城があります。 | ▶ There are ~.

★
□5 | 城めぐりの旅も楽しむことができます。 | ▶ Tours of ~.

★
□6 | 日本は火山列島です。 | ▶ Japan is ~.

★
□7 | 日本全国には2000以上の温泉地があります。 | ▶ There are ~.

★★
□8 | 温泉は冷え性や肩こり、筋肉痛などに効能があります。 | ▶ Hot springs ~.

> **Check!**
> 北は北海道から南は沖縄まで、日本には旅行に最適な素晴らしい場所が数限りなくあります。例文を参考にして、ご自身のお薦めスポットを紹介できるように練習してみてください。地元の名物はlocal specialty、「〜を案内をしてあげましょう」という場合はI'll show you around 〜. と提案しましょう。

Japan has many mountains and harbors.

Therefore, we can enjoy beautiful night views in Japan.
- night view 夜景

The three best night views of Japan are in *Hakodate*, *Kobe* and *Nagasaki*.

There are a lot of famous castles in Japan.

Tours of these famous castles are available.
- available 形 入手できる

Japan is made up of volcanic islands.
- volcanic island 火山島

There are more than 2,000 hot springs located all over the country.
- hot spring 温泉

Hot springs are good for treating chills, stiff lower necks and muscle pain.
- good for 〜に効果的だ／treat 動 治療する／chill 名 冷え

おまけフレーズ

BONUS! しゃべりたりない人に、**「日本人の生活」**に関するおまけフレーズ8本です。はりきってどうぞ!

□ 1	4月末から5月の初めにかけての休日をゴールデンウィークといいます。	▶ The holidays ~.
□ 2	「七五三」は、3歳や5歳の男の子、3歳や7歳の女の子を祝います。	▶ Boys who ~.
□ 3	「七」は7のことで、「五」は5、「三」は3という意味です。	▶ Shichi means ~.
□ 4	日本では印鑑が重要です。	▶ In Japan, ~.
□ 5	法的な書類には署名と印鑑の両方が必要です。	▶ We need ~.
□ 6	日本人はかつて、着物を着ていました。	▶ Japanese ~.
□ 7	今は特別な行事のときにだけ着られます。	▶ Today ~.
□ 8	たとえば、パーティーや成人式、結婚式などです。	▶ For example, ~.

The holidays from the end of April to the beginning of May are called "Golden Week".

Boys who are 3 or 5 years old and girls who are 3 or 7 participate in the celebration, *Shichi-Go-San*.
- participate in 〜に参加する

Shichi means 7, *go* means 5 and *san* means 3.

In Japan, official *hanko* seals are important.
- seal 名 印鑑

We need both *hanko* seals and signatures for legal documents.
- signature 名 署名／legal document 法的な書類

Japanese people used to wear *kimono*.

Today the *kimono* is worn only on special occasions.
- special occasion 特別なイベント

For example, parties, coming-of-age ceremonies and weddings.
- coming-of-age ceremony 成人式

ちょっとブレイク！①
お祭りの英語を覚えよう！

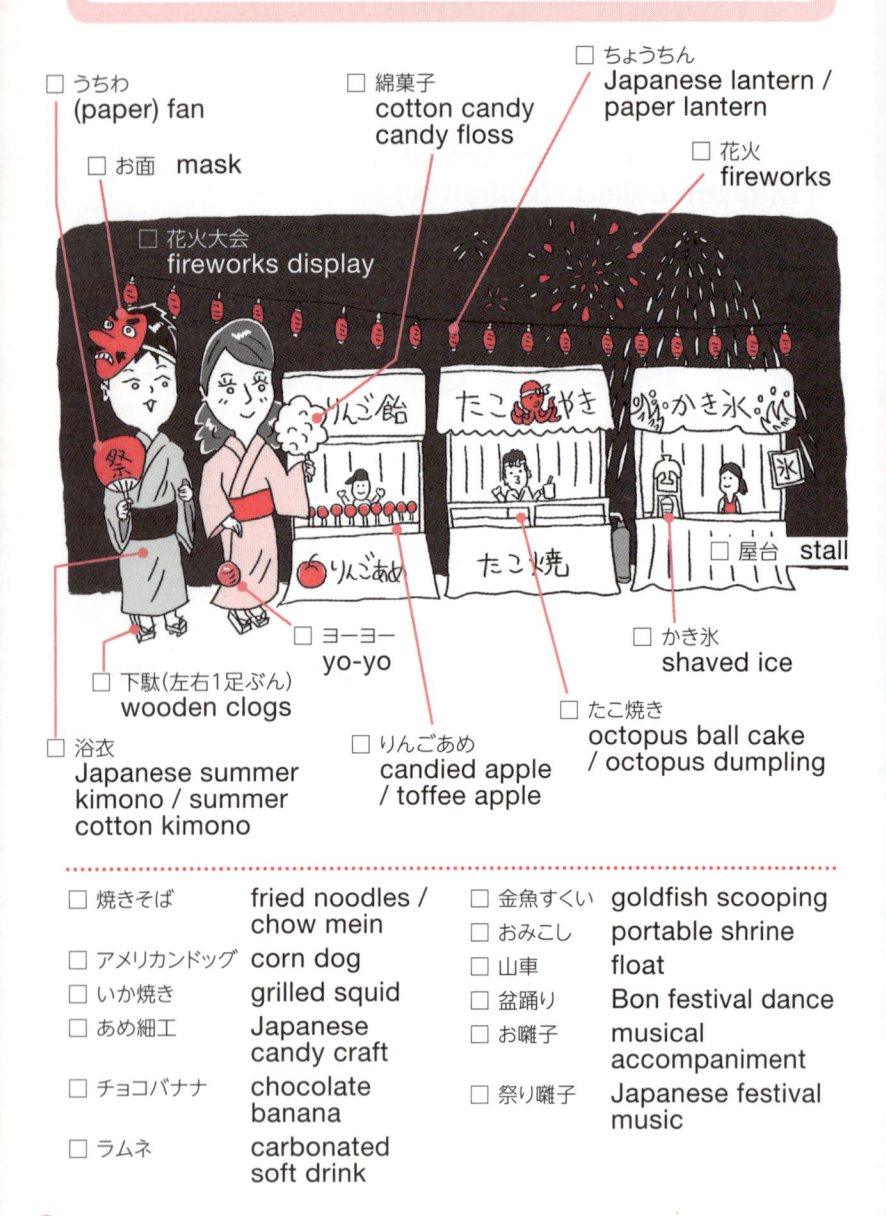

- □ うちわ (paper) fan
- □ お面 mask
- □ 綿菓子 cotton candy / candy floss
- □ ちょうちん Japanese lantern / paper lantern
- □ 花火 fireworks
- □ 花火大会 fireworks display
- □ 屋台 stall
- □ かき氷 shaved ice
- □ ヨーヨー yo-yo
- □ 下駄（左右1足ぶん） wooden clogs
- □ 浴衣 Japanese summer kimono / summer cotton kimono
- □ りんごあめ candied apple / toffee apple
- □ たこ焼き octopus ball cake / octopus dumpling

□ 焼きそば	fried noodles / chow mein	□ 金魚すくい	goldfish scooping
□ アメリカンドッグ	corn dog	□ おみこし	portable shrine
□ いか焼き	grilled squid	□ 山車	float
□ あめ細工	Japanese candy craft	□ 盆踊り	Bon festival dance
□ チョコバナナ	chocolate banana	□ お囃子	musical accompaniment
□ ラムネ	carbonated soft drink	□ 祭り囃子	Japanese festival music

第2章

日本人とは…

「日本人」について、外国人に説明する練習をしましょう。ここでは、一般論を多く展開していますので、もし「自分は違う(と思う)な…」ということがあれば、それについて英語で述べられるように、英文を考えておくのもいいですね。

◆ TOPIC いちらん ◆

日本人の国民性／和の心／自然への思い／職人気質／『もったいない』／義理・人情／学校／言葉／恥／日本情緒／おまけフレーズ

TOPIC 1

日本人の国民性
National Characteristics

日本人の国民性について、覚えておくと便利な表現をピックアップしました。言ってみましょう。

★ □1	日本人は平和を愛する国民です。	▶ Japanese ~.
★ □2	日本人は勤勉です。	▶ Japanese ~.
★★ □3	日本人は心配りと礼儀が身についています。	▶ Japanese ~.
★ □4	日本人はマナーを守ります。	▶ Japanese ~.
★ □5	そのため、海外での評判が高いです。	▶ Therefore, ~.
★ □6	日本人は頑張りぬく強い精神を持っています。	▶ Japanese ~.
★★ □7	お互いに「頑張ってください」と言い合う国民性があります。	▶ It's common ~.
★★ □8	日本人は人情味のあるものが好きです。	▶ Japanese ~.

> ***Check!***
> 日本人は海外で最もマナーの良い国民であると言われています。それを決定づける理由は日本人の国民性にあるのではないでしょうか。このページでは「日本人は〇〇です」と言い切る表現が多いですが、少し和らげる場合は、<u>(that 以下)といわれている</u>（It can be said that ～）を使うといいでしょう。

CD 1　19

Japanese are peace-loving people.
- peace-loving　形 平和を愛する

Japanese are diligent people.
- diligent　形 勤勉な

Japanese are gifted with consideration and courtesy.
- be gifted with　～の才能に恵まれている／ courtesy　名 礼儀

Japanese have good manners.

Therefore, we have a good reputation internationally.
- good reputation　良い評価／ internationally　副 国際的に

Japanese have a strong spirit of perseverance.
- perseverance　名 忍耐（力）

It's common to say, *Ganbatte kudasai*, or "Hang in there!" to each other.
- Hang in there!　がんばれ！

Japanese like things from the heart that are filled with human warmth.
- from the heart　心から／ human warmth　人のぬくもり

TOPIC 2

和の心
Spirit of Harmony

日本人の"相手を立てる"や"和を重んずる"などの特質について、英語で言えるようになりましょう。

★
☐ 1 | 日本人は敬語を使います。 | ▶ Japanese ~.

★★
☐ 2 | 我々は年上や目上の人に対してそれを使います。 | ▶ We use them ~.

★
☐ 3 | 日本人は相手を立てます。 | ▶ Japanese put ~.

★
☐ 4 | 私たちは「和」を保ちます。 | ▶ We like ~.

★
☐ 5 | 日本の伝統の多くは農耕社会から発達しました。 | ▶ A lot of ~.

★★
☐ 6 | 人々は限られた広さの土地で協力し合う必要があります。 | ▶ People need ~.

★★
☐ 7 | 日本人には和を重んじる精神が備わっています。 | ▶ Japanese are ~.

★
☐ 8 | 日本はこのような人間の特質を誇りに思っています。 | ▶ Japan is proud ~.

> **Check!**
> 「和」は harmony です。島国（island nation）である日本は、個人（individual）よりも集団（group）や仲間に重きを置いて調和を尊重してきました。相手の気持ちを察して言葉を選ぶ日本人の心の細やかさは、困難に直面した際に、強い絆（bond ; ties）へと繋がっているのではないでしょうか。

Japanese use honorifics.
- honorific 名 敬語

We use them to talk to a person who is older or of higher rank.

Japanese put others in a superior position.
- superior position 優位

We like to maintain *wa* or harmonious relationships.
- harmonious relationship 友好関係

A lot of Japan's traditions developed out of an agricultural society.
- develop 動 発達する／agricultural society 農耕社会

People need to cooperate on a limited amount of land.
- cooperate 動 協力する／limited amount of 限られた量の

Japanese are gifted with a harmony-oriented spirit.
- be gifted with ～の才能に恵まれている

Japan is proud of this human characteristic.
- be proud of ～を自慢に思う／human characteristic 人間の特質

TOPIC 3

自然への思い
Love of Nature

日本人の"自然観"も、海外の人々に日本や日本人について紹介する際、大切になってくるトピックです。

★
□ 1 | 日本人は自然と対立しません。 | ▶ Japanese people ~.

★★
□ 2 | 日本人は、人間は自然の一部だと考えます。 | ▶ Japanese see ~.

★
□ 3 | 日本人は、自然の変化に合わせて生活します。 | ▶ Japanese people ~.

★★
□ 4 | 旬のものをいただくことが健康にとって大切なことです。 | ▶ Eating food ~.

★
□ 5 | 日本人は季節に合った服を選びます。 | ▶ Japanese people ~.

★★
□ 6 | 日本人は自然には精霊が宿ると信じています。 | ▶ Japanese people ~.

★★
□ 7 | 日本人は自然と人との関わりを大切にします。 | ▶ Japanese people ~.

★★
□ 8 | 日本の行事の多くは、自然や季節ごとの気候に深くつながっています。 | ▶ Most events ~.

Check!

日本人は、古くから自然(nature)との深いつながりを大切にしてきました。自分たちは自然の一部なのだという自然観(view of nature)は、日本人らしさをよく表しています。また、山や川、大きな石や木、動物や植物、火、雨、風、雷などの自然物や現象に「神」を感じるというのも特徴です。

Japanese people do not see themselves in conflct with nature.

- in conflct with ～と戦って

Japanese see human beings as a part of nature.

Japanese people live in accordance with the changes of nature.

- accordance 名 調和

Eating food in season is very important for good health.

Japanese people select clothing to fit the season.

Japanese people believe that there are spirits in nature.

- spirit 名 魂；精霊

Japanese people value the relationship between nature and human beings.

- value 動 評価する

Most events in Japan have a lot to do with the nature and climate of each season.

- have a lot to do with ～と大いに関係がある

TOPIC 4

職人気質
The Spirit of a Craftsman

日本が世界に評価されることの1つに"ものづくり"があります。ここではそういう表現をいくつか見てみましょう。

★
□ 1 | 職人はこだわりをもって仕事をします。 | ▶ Craftsmen ~.

★
□ 2 | 彼らは技術を徹底的に磨きます。 | ▶ They diligently ~.

★
□ 3 | そして達人となることを目指すのです。 | ▶ Then they ~.

★★
□ 4 | 彼らは手抜きや言い訳をしません。 | ▶ They don't ~.

★
□ 5 | 彼らは安易に妥協しません。 | ▶ They don't ~.

★★
□ 6 | 彼らは納得いくまで挑み続けます。 | ▶ They keep ~.

★★
□ 7 | 日本の職人は製品をていねいに仕上げます。 | ▶ Japanses craftsmen ~.

★★
□ 8 | そのため、日本の製品は世界中で信用されています。 | ▶ That's why ~.

> **Check!**
> 「職人」はここでは craftsman で統一していますが、craftswoman や artisan などとも言います。手先が器用で、こまやかな感性をもった日本人は、妥協を許さず、丁寧な仕事をします。これらの日本人の気質が、結果的に世界からの信用を得ています。（☞ 職人に関する語彙は、P74 にまとめました）。

CD 1 | 22

Craftsmen take pride in their work.
① craftsmen 名 職人／take pride in ～を誇りとする

They diligently polish their skills.

Then they aim to become masters.
① aim 動 狙う／master 名 達人

They don't cut corners or make excuses.
① cut corners 手を抜く／make an excuse 言い訳をする

They don't easily compromise.
① easily 副 たやすく／compromise 動 妥協する

They keep trying until they're satisfied with their work.
① be satisfied with ～に納得する

Japanese craftsmen take care in making their products.

That's why Japanese products are trusted throughout the world.
① throughout the world 世界中で

TOPIC 5

『もったいない』
Wasteful "Mottainai"

ワンガリ・マータイさんが世界に広めた「もったいない」という価値観について、少し掘り下げて説明してみましょう。

★ 1	日本人は「もったいない」とよく言います。	▶ Japanese ~.
★ 2	日本人は倹約家です。	▶ Japanese ~.
★★ 3	『一円を笑う者は一円に泣く』ということわざがあります。	▶ A proverb ~.
★★ 4	私たちはすべての物に神が宿ると考えます。	▶ We think that ~.
★ 5	そのため、私たちはあらゆる物を大切にするのです。	▶ That's why ~.
★ 6	「風呂敷」は正方形の便利な布です。	▶ Furo-shiki ~.
★★ 7	それはさまざまな形のものを包んで運べます。	▶ It can be used ~.
★★ 8	「風呂敷」は何度も使えるのでゴミが出ません。	▶ Furo-shiki ~.

> **Check!**
> mottainai という言葉が世界でも通用するようになりました。ここで紹介している「もったいない」は、無駄を惜しむ気持ちですが、「このかばんは私にはもったいない」のように謙遜のニュアンスとして使う場合は、too good を使って、This bag is too good for me. のように言います。

Japanese people often use the word *mottainai*.

Japanese are frugal people.
- frugal 形 倹約の

A proverb says that he who laughs at a penny will cry for a penny.
- proverb 名 ことわざ／penny 名 小額硬貨／cry for ～を求めて（泣き）叫ぶ

We think that gods exist in all things.
- exist 動 存在する

That's why we make good use of everything.
- make good use of ～を有効に使う

Furo-shiki is a useful square piece of cloth.
- useful 形 便利な

It can be used to wrap and carry things of various shapes.
- various 形 さまざまな／shape 名 形

Furo-shiki doesn't generate waste because it can be reused.
- generate 動 ～を生む／reuse 動 再利用する

TOPIC 6

義理・人情
Obligation and Compassion

これもまた、日本人にはおなじみの価値観ですから、しっかり英語で表現できるようにしましょう。

★★ 1	我々は恩義を受けた人を助けます。	▶ We help ~.
★ 2	たとえそれが自分にとって不利益であってもです。	▶ We do it ~.
★ 3	それは「義理」と呼ばれます。	▶ It's ~.
★★ 4	「人情」は、他人への思いやりや友情、同情などを意味します。	▶ Ninjo refers to ~.
★★ 5	困ったことがあれば近所で助け合います。	▶ People help ~.
★ 6	『情けは人の為ならず』ということわざがあります。	▶ A proverb ~.
★ 7	自然災害が発生したときに、人々はお金や食べ物を寄付します。	▶ When a natural ~.
★★ 8	たくさんの人たちが進んで被災者を助けるために現地に行きます。	▶ A lot of ~.

> **Check!**
> 「義理」も「人情」も完全一致する英単語がありませんので、ここで示すフレーズを使って説明しましょう（あとは、東映任侠映画のDVDを見てもらうと、一発でわかるかも!?）。ちなみに「任侠」は chivalry や chivalrous spirit と訳されることもありますが、やはり少しニュアンスが違います。

CD 1　24

We help people that we feel indebted to.
feel indebted　有り難く思う

We do it even if it might be to our disadvantage.
disadvantage　名 不利益

It's called *giri*.

Ninjo refers to feelings such as compassion, friendship and sympathy towards strangers.
compassion　名 思いやり／sympathy　名 同情／stranger　名 他人

People help each other in their neighborhood when someone is in need.
help each other　助け合う／be in need　困っている

A proverb says, "One good turn deserves another."
good turn　善行／deserve　動 ～の価値がある

When a natural disaster occurs, people donate money or food.
natural disaster　自然災害／donate　動 寄付する

A lot of people go to disaster areas to volunteer to help the victims.
disaster area　被災地／victim　名 被災者

第2章　日本人とは…

TOPIC 7 学校
School

自分について話すときなどにも多く話題になりやすいのが学校の話です。一度頭を整理しておきましょう。

★★
□1 子供達は小学校へ6年、中学校へ3年間通います。
▶ Children ~.

★★
□2 そして、多くの生徒が高校へ3年、大学へ4年行きます。
▶ Then ~.

★
□3 義務教育は最初の9年間です。
▶ Compulsory ~.

★★
□4 小学校では集団登校が一般的です。
▶ In elementary ~.

★
□5 上級生が下級生の面倒を見ます。
▶ Older students ~.

★
□6 彼らは協力し合うことを学びます。
▶ They learn ~.

★★
□7 ほとんどの小学校と中学校では、給食が出されます。
▶ Most ~.

★★
□8 それは子供たちの健全な成長のため、栄養バランスが計算されています。
▶ It's nutritionally ~.

> **Check!**
>
> 生徒が教室を掃除するのも日本の学校の特徴です。After classes, students clean their classrooms.（授業の後は生徒たちで教室を掃除します）や They learn to have gratitude for their studying environment.（これにより自分たちが勉強する環境への感謝の気持ちを学びます）と説明しましょう。

Children go to elementary school for six years, and junior high school for three years.

Then a lot of students go to high school for three years, and university for four years.

Compulsory education is the first nine years.
① compulsory education　義務教育

In elementary schools, it's common for students to walk to school in groups.
① common　形 一般的な

Older students take care of the younger students.

They learn to cooperate with each other.
① cooperate　動 協力する

Most elementary and junior high schools provide school lunch.
① provide　動 供給する／school lunch　学校給食

It's nutritionally balanced for the healthy growth of the children.
① nutritionally　副 栄養的に／balance　動 バランスをとる

第2章 日本人とは…

TOPIC 8

言葉
Word

「いただきます」や「ごちそうさま」など日常必ず使う日本語について、英語で説明してみましょう。

★
□ 1 ｜ 「いただきます」は食事のはじめに言われます。 ▶ Itadaki-masu 〜.

★
□ 2 ｜ それは「あなたの今をいただきます」という意味です。 ▶ It means 〜.

★★
□ 3 ｜ 我々はその生命を食事のために与えてくれた動植物に感謝するのです。 ▶ We give thanks 〜.

★
□ 4 ｜ 食事の後、日本人は「ごちそうさま」と言います。 ▶ After a meal, 〜.

★★
□ 5 ｜ それは、食べ物の生産と調理をした人への感謝を表します。 ▶ This expresses 〜.

★
□ 6 ｜ 「ありがとう」はお礼の言葉です。 ▶ Arigatou 〜.

★★
□ 7 ｜ それは「貴重な」という意味の「有り難い」から来ています。 ▶ It comes from 〜.

★★
□ 8 ｜ これは、親切なことをしてくれた人に感謝の気持ちを示す表現です。 ▶ This word shows 〜.

Check!

英語にない日本語表現は、日本人の<u>伝統的な価値観</u>（traditional values）や<u>美意識</u>（aesthetic sense）と繋がっています。例えば「頑張って」という言葉は、「<u>一生懸命やれ</u>（work hard）」や「<u>ベストを尽くせ</u>（do one's best）」以外に「<u>幸運を祈る</u>（Good luck!）」というニュアンスを含むこともあります。

CD 1　26

Itadaki-masu is said at the beginning of meals.
① at the beginning of　〜のはじめに

It means "I'm going to partake of you now."
① partake　動 食べる

We give thanks to the animals and plants that gave their lives for the meal.
① animals and plants　動植物

After a meal, Japanese people say *Gochisou-sama*.

This expresses our gratitude to those who produced and prepared the food.
① express　動 表現する／gratitude　名 感謝／prepare　動 調理する

Arigatou is a word of thanks.

It comes from *arigatai* which means "precious."

This word shows one's gratitude to the person who did something kind to them.

第2章　日本人とは…

TOPIC 9

恥
Shame

日本人の「恥」を忌む考え方について、英語で表現してみましょう。

★
□1 | 西洋社会は「罪の文化」と考えられています。 | ▶ It's thought ~.

★
□2 | 対して、日本社会は「恥の文化」と考えられています。 | ▶ Whereas ~.

★
□3 | 日本の人々は先祖の思いを受け継ぎます。 | ▶ Japanese ~.

★★
□4 | 彼らは自分自身を省みて将来に目を向けるのです。 | ▶ They reflect ~.

★★
□5 | 恥の感覚を「人からどう見られるか」としてとらえます。 | ▶ People interpret ~.

★★
□6 | 人前で恥をかいたりすると「面目をなくす」と言います。 | ▶ They say ~.

★★
□7 | 早朝、日本の人々は自分の家の前を掃いて清めます。 | ▶ Japanese ~.

★★
□8 | それは身の回りの汚れを恥とする日本人の精神の表れです。 | ▶ It's part ~.

> **Check!**
>
> 「恥」を使ったことわざに、「聞くは一時の恥、聞かぬは一生の恥（There's no such things as a stupid question.）」があります。ほかに「旅の恥はかきすて（There is no need to worry about manners while traveling.）」という表現もありますが、実行する際にはやりすぎないようにいたしましょう。

CD 1　27

It's thought that Western countries have guilt-oriented societies.
- society 名 社会

Whereas Japan is thought to have a shame-oriented sciety.
- whereas 接 ～である一方で

Japanese people inherit the thoughts and beliefs of their forefathers.
- inherit 動 受け継ぐ／forefather 名 先祖

They reflect on themselves and look far ahead into the future.
- look ahead into ～に目を向ける

People interpret the sense of shame as what others think about them.
- interpret 動 解釈する

They say they "lose face" when they disgrace themselves in public.
- lose face 面子を失う／disgrace oneself in public 恥をかく

Japanese people sweep the area in front of their own homes early in the morning.
- sweep 動 掃く

It's part of the Japanese spirit to consider one's dust as shameful.
- shameful 形 恥ずべき

TOPIC 10 日本情緒
Japanese Atmosphere

桜の散る姿に自らの人生を見たり、虫の音に耳を傾けたり…日本人の情緒にまつわる表現を見てみましょう。

★ 1	桜の花は、一気に咲きます。	▶ Cherry ~.
★ 2	そして、短期間で散ります。	▶ Then, ~.
★ 3	多くの日本人はこれを、はかない人生にたとえます。	▶ Many Japanese ~.
★★ 4	我々は太古から自然の恩恵を受けて暮らしてきました。	▶ We have ~.
★★ 5	そのため、我々は虫の音を美しいと感じます。	▶ Therefore, ~.
★ 6	『水に流す』という慣用表現があります。	▶ There is an ~.
★ 7	その直訳は、「川の中に投げ入れる」です。	▶ Its direct ~.
★ 8	それは「もう済んだことだからよしとしよう」という意味です。	▶ It means ~.

Check!

パッと咲いて散る桜を愛でる価値観は、「いき」の概念にも繋がります。「いき」は英語で smart や sophisticated と訳されることが多いです。逆の意味である「野暮」は insensitive や unsophisticated などで表します。ですがなかなかズバリとはいかないので、できるだけ具体例を挙げて言うといいでしょう。

CD 1 28

Cherry blossoms bloom quickly.
- bloom 動 咲く

Then, they fall from trees in a short time.

Many Japanese people compare this to transient life.
- compare 動 〜をなぞらえる／ transient 形 はかない

We have benefited a lot from nature since ancient times.
- benefit 利益を得る

Therefore, we feel that the chirps of insects are beautiful.
- chirp 名 さえずり／ insect 名 虫

There is an idiomatic expression, *mizu-ni-nagasu*.
- idiomatic expression 慣用表現

Its direct translation is "throw it in the river."
- direct translation 直訳

It means to let bygones be bygones.
- bygone 名 過去のこと

おまけフレーズ

BONUS! しゃべりたりない人に、「**日本人**」に関するおまけフレーズ8本です。はりきってどうぞ!

□1	日本人は個人でなく集団に重点を置きます。	▶ Japanese ~.
□2	そのため、調和を重んじる日本社会が確立しました。	▶ This is why ~.
□3	お酒を飲むとき、日本人は互いにお酒を注ぎあいます。	▶ When drinking ~.
□4	これによって仲間意識が生まれます。	▶ It helps ~.
□5	『早起きは三文の得』ということわざがあります。	▶ The proverb ~.
□6	これは、早起きをすると幸運で健康になるという意味です。	▶ It means ~.
□7	『武士は食わねど高楊枝』ということわざがあります。	▶ The proverb ~.
□8	それは貧しくても気位を高く持って生きるべきだという意味です。	▶ It means ~.

Japanese put emphasis on groups, rather than on individuals.
- put emphasis on ～に重きを置く／ individual 名 個人

This is why the harmony-oriented Japanese society was established.
- harmony-oriented 和を大切にする／ establish 動 確立させる

When drinking together, Japanese pour *sake* for each other.
- pour 動 ～を注ぐ

It helps to build companionship.
- companionship 名 親交

The proverb says, "The early bird catches the worm."
- proverb 名 ことわざ

It means that you will be lucky and healthy if you wake up early in the morning.

The proverb says, "A samurai pretends he has eaten well when he has no food."
- pretend 動 ～のふりをする

It means that you should have pride in yourself even if you live in poverty.
- have pride in ～に誇りをもつ／ live in poverty 貧困の中に生きる

第2章 日本人とは…

ちょっとブレイク！②
職人さんの英語を覚えよう！

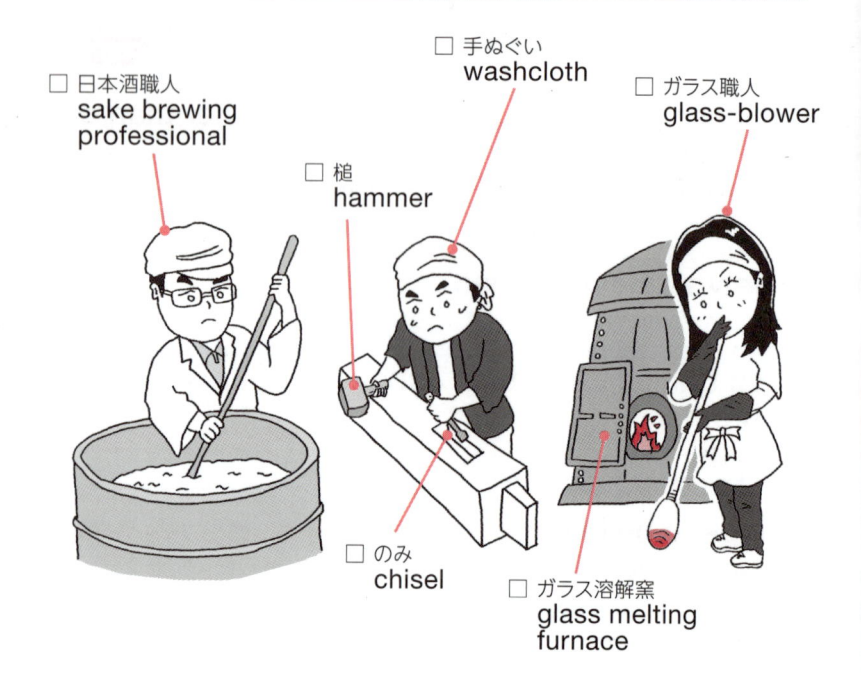

- □ 日本酒職人 sake brewing professional
- □ 手ぬぐい washcloth
- □ ガラス職人 glass-blower
- □ 槌 hammer
- □ のみ chisel
- □ ガラス溶解窯 glass melting furnace

- □ 職人　　craftsman / artisan
- □ 酒樽　　sake cask
- □ 一升瓶　sake bottles of 1.8 liters
- □ 麹　　　rice malt
- □ 清酒　　refined sake
- □ 醸造酒　brew / brewage
  ⇔ 蒸留酒　distilled liquor
- □ 発酵　　fermentation
- □ すし職人 sushi chef
- □ 刺身包丁 fish-slicing knife / fish slicer
- □ 巻き寿司 sushi roll
- □ 鉋　　　plane

- □ 棟梁　　master carpenter
- □ 木工職人 woodcrafter / wood worker
- □ 家具職人 furniture worker / furniture upholsterer
- □ 植木職人 gardener / plantsman
- □ 竹細工職人 bamboo-ware artisan
- □ 師匠と弟子 master and disciple / master and pupil
- □ 修業　　discipling

第3章

食から禅まで
日本の文化

この章は、非常に幅広くそして掘り始めるととても奥深い"日本文化"というジャンルについて、その導入部分で必ず必要になってくるフレーズを集めました。話す相手が興味を持ちそうなジャンルがわかったら、更に深く掘り下げる練習をしてみましょう。

―――――― ◆TOPICいちらん◆ ――――――
短歌・俳句／文学／茶道・華道・書道／囲碁・将棋／食文化／スポーツ／
言語／言葉づかい／禅／世界遺産／おまけフレーズ

TOPIC 1

短歌・俳句
Tanka and Haiku or Short Poems

短歌や俳句を英語で説明するのは難しく感じるかもしれませんが、まずはシンプルに言ってみましょう。

★ □1	短歌は日本最古の詩形です。	▶ Tanka is ~.
★ □2	俳句は世界で最も短い形の詩です。	▶ Haiku is ~.
★ □3	短歌と俳句は現在も人々に愛好されています。	▶ Tanka and ~.
★★ □4	季節を表す「季語」が、俳句には含まれています。	▶ Kigo is ~.
★ □5	短歌は5,7,5,7,7の音節が5行に配置されます。	▶ Tanka is ~.
★ □6	俳句は17音節で成り立っています。	▶ A haiku poem ~.
★★ □7	それは5,7,5の音節が3行に配置されます。	▶ It's arranged ~.
★ □8	人間の深い感情が短い言葉の中に込められています。	▶ People's deep ~.

> **Check !**
> 短歌や俳句は日本の伝統的な文化ですが、現代の人々にも愛好されています。短歌や俳句を構成している「音節」は syllable と言います。「季語」は season(al) word とも言えます。「ツバメは春の季語です。（Swallow is a seasonal word of spring.）」など、具体例をあげて説明してみましょう。

CD 1 30

Tanka is the oldest form of poetry in Japan.
① poetry 名 詩

Haiku is the world's shortest form of poetry.

Tanka and *haiku* are still very popular.

Kigo is a type of word that expresses something about seasons.
① express 動 表現する

Tanka is arranged in five lines of 5, 7, 5, 7 and 7 syllables.
① be arranged in 配置される／syllables 名 音節

A *haiku* poem consists of 17 syllables.
① consist of 〜から成る

It's arranged in three lines of 5, 7 and 5 syllables.

People's deep feelings are expressed using short words.

第3章 食から裸まで 日本の文化

TOPIC 2

文学
Literature

『古事記』や『源氏物語』などの古典文学を中心に、日本文学について英語で言ってみましょう。

★ □ 1 『古事記』は日本最古の歴史書です。 ▶ Kojiki is ~.

★ □ 2 『竹取物語』は日本最古の物語です。 ▶ Taketori Monogatari ~.

★ □ 3 『万葉集』は日本最古の歌集です。 ▶ Manyoshu is ~.

★ □ 4 『源氏物語』はしばしば世界最古の長編小説とみなされます。 ▶ Genji Monogatari ~.

★ □ 5 『今昔物語』は日本最大の古代説話集です。 ▶ Konjaku Monogatari, ~.

★ □ 6 それは作者不詳で平安時代に完成しました。 ▶ It was completed ~.

★ □ 7 作家の川端康成は日本人として初めてノーベル文学賞を受賞しました。 ▶ Yasunari Kawabata, ~.

★ □ 8 現代では多くの日本文学が外国語に翻訳されています。 ▶ In modern times, ~.

Check!

日本には世界に誇る文学が満ちあふれています。英語はもちろん世界各国の言葉に翻訳されている作品も多くあります。たとえば書店の洋書売り場で、「Essays in idleness は『徒然草』、No longer human は『人間失格』か…」など、日英のタイトルをチェックするのも楽しいです。

Kojiki is the oldest Japanese historical book.
① 古事記 = An Account of Ancient Matters ／ historical book 歴史書

Taketori Monogatari is the oldest narrative tale in Japan.
① 竹取物語 = The Tale of the Bamboo Cutter ／ narrative tale 物語

Manyoshu is the oldest collection of existing Japanese *tanka*.
① collection of ～　～の一群／短歌 = short poem

Genji Monogatari is often considered the world's first great novel.
① 源氏物語 = The Tale of Genji ／ great novel 長編小説

Konjaku Monogatari, is Japan's largest collection of stories of ancient times.

It was completed by an anonymous writer in the *Heian* period.
① anonymous 形 作者不明の

Yasunari Kawabata, a writer, was the first Japanese to win the Nobel Prize in Literature.
① literature 名 文学

In modern times, a lot of Japanese literature is translated into foreign languages.
① modern times 現代；近代／ translate 動 翻訳する

TOPIC 3: 茶道・華道・書道
Tea Ceremony, Flower Arrangement and Japanese Calligraphy

日本独特の3つの「道」について、英語でかんたんに説明できるようにしておきましょう。

★ 1	茶道は、お客様にお茶をふるまう伝統的な方法です。	▶ Sado is ~.
★ 2	茶室は装飾が質素です。	▶ The tearoom's ~.
★ 3	これは日本人の「わび」の精神を反映しています。	▶ This reflects ~.
★ 4	「わび」の精神は素朴な美を意味します。	▶ The spirits ~.
★ 5	華道は日本の伝統芸術です。	▶ Kado is ~.
★★ 6	茎や花は、花器の中で自然の調和平衡を表現するために生けられます。	▶ Stems and ~.
★★ 7	書道は、筆と墨で漢字や仮名文字を書く芸術です。	▶ Shodo is ~.
★ 8	日本の小・中学生は習字の授業を受けています。	▶ Japanese ~.

Check!

日本の文化を代表するのが茶道・華道・書道です。「道」という名が付くだけあって、文字通りその「道」を極めようと<u>精進します</u>（devote oneself）。茶道はお茶をふるまう側だけでなく、ふるまわれる客側も、<u>作法に気をつけ</u>（watch one's manners）なくてはいけません。

Sado is a traditional way of serving tea to guests.
① 茶道 = tea ceremony／traditional 形 伝統的な／serve 動 供する

The tearoom's decorations are plain.

This reflects the Japanese spirit of wabi.
① reflect 動 反映する／spirit 名 精神

The spirit of wabi means simple beauty.

Kado is a Japanese traditional art.
① 華道 = flower arrangement／traditional art 伝統芸術

Stems and flowers are arranged to express the harmonic balance of nature in a vase.
① stem 名 茎／harmonic balance 調和平衡

Shodo is the art of drawing kanji and kana characters with a brush and ink.
① 書道 = calligraphy／character 名 文字

Japanese elementary and junior high school students take calligraphy classes.

TOPIC 4 — 囲碁・将棋

Igo and Shogi

日本で人気の室内競技である囲碁と将棋について、かんたんに英語で説明してみましょう。

★ □1	囲碁と将棋は、8世紀に中国から日本に伝えられました。	▶ Igo and ~.
★ □2	囲碁も将棋も2人で行うゲームです。	▶ Both igo ~.
★★ □3	将棋は、チェスに似ていて、木製の駒を動かして行います。	▶ Shogi is ~.
★★ □4	将棋では、相手の王将を最初に追い詰めた方が勝ちです。	▶ In shogi, ~.
★ □5	将棋はふつう数時間かけて対局します。	▶ Shogi ~.
★★ □6	名人戦になると、まる2日間朝から晩までずっと指し続けます。	▶ When experts ~.
★ □7	囲碁は「碁盤」という、正方形の木製の板の上で対戦します。	▶ Igo is ~.
★★ □8	囲碁は、碁盤の上でできるだけ多くの領地を囲み取るゲームです。	▶ The strategy ~.

Check!

囲碁も将棋も、もともと中国から伝わってきたものですが、日本人が得意とする<u>頭脳ゲーム</u>（intellectual game）であり、名人戦ともなると白熱した対戦が見られます。be introduced to ～は「～を紹介される」という意味以外に、「<u>（何か新しいものが）導入される</u>」という意味もあるのでよく使います。

Igo and *shogi* were introduced to Japan from China in the 8th century.

Both *igo* and *shogi* are games played by two people.

Shogi is similar to chess and is played by moving wooden pieces.
① be similar to　～に似ている／chess　名 チェス／piece　名 駒

In *shogi*, the player who first checkmates the opposing king wins.
① checkmate　動 王手詰みする／opposing　形 対立する

Shogi usually takes several hours to play.

When experts play, it can take two full days, from morning till night.
① expert　名 名人／full day　丸1日

Igo is played on a wooden square board called *goban*.

The strategy of *Igo* is to surround as much territory as possible on the *goban*.
① surround　動 取り囲む／territory　名 領地

TOPIC 5

食文化
Food Culture

日本の食文化も、外国人から尋ねられることが多いトピックですから、ぜひとも言えるようになりましょう。

★
□ 1 | 日本料理は日本語で和食といいます。 | ▶ Japanese-style ~.

★
□ 2 | 日本食は健康的で栄養があります。 | ▶ Japanese ~.

★
□ 3 | おせち料理は新年のために作られる特別料理です。 | ▶ Osechi-ryori is ~.

★
□ 4 | 東京は、世界最上級の美食都市だとされています。 | ▶ Tokyo is ~.

★
□ 5 | 日本の調理の歴史はとても長いです。 | ▶ The history ~.

★★
□ 6 | 「同じ釜の飯を食う」ことが、家族の絆を生むのです。 | ▶ The ritual ~.

★★★
□ 7 | ミシュランに載っていない名店が日本には数多くあります。 | ▶ There are ~.

★★
□ 8 | 日本の米は世界最高品質と評されています。 | ▶ Japanese ~.

> **Check!**
>
> 日本では、世界中の料理を堪能することができます。これは海外の旅行者からすると驚きの1つであるようです。また、日本の食文化は、季節だけでなく地域によっても非常に多様ですから、まずは自分の地元の名物料理(specialty dish)など身近なところから英語で言ってみましょう。

Japanese-style food is called *wasyoku* in Japanese.

Japanese food is healthy and nutritious.
- nutritious 形 栄養のある

Osechi-ryori are special dishes prepared for the New Year.

Tokyo is considered the world's top gourmet city.
- gourmet 形 グルメ志向の

The history of cooking in Japan is very long.

The ritual of breaking bread nourishes family ties.
- ritual 名 儀式／break bread 食事をする／nourish 動 〜を育てる／family ties 家族の絆

There are a lot of outstanding Japanese restaurants that haven't been graded by Michelin.
- outstanding 形 ずばぬけた

Japanese rice has a reputation for being of the highest quality in the world.
- reputation 名 評判

TOPIC 6 スポーツ
Sport

相撲や野球など、日本で人気のスポーツについて、英語で言ってみましょう。

★
☐ 1 | 日本人はスポーツが大好きです。 | ▶ Japanese ~.

★
☐ 2 | 日本人は年齢に関わりなく、訓練やスポーツを楽しみます。 | ▶ Japanese ~.

★
☐ 3 | 多くの人が皇居の周りをジョギングして楽しみます。 | ▶ A lot of people ~.

★★
☐ 4 | 皇居の近くにはランナー用のシャワー施設があります。 | ▶ There are ~.

★
☐ 5 | 野球とサッカーと相撲は日本で最も人気のあるスポーツです。 | ▶ The most ~.

★
☐ 6 | 力士は「土俵」と呼ばれる特別なリングで戦います。 | ▶ Sumo wreslers ~.

★
☐ 7 | 合気道、空手、柔道、剣道などの武道は人気が高いです。 | ▶ Martial arts ~.

★★
☐ 8 | 男子柔道は1964年にオリンピック正式種目になりました。 | ▶ Judo was ~.

> **Check!**
> 観戦する（spectate）にしても競技に参加するにしても、日本人ほどスポーツを愛する国民はいないのではないでしょうか。相撲観戦に興味を持つ外国人に「横綱は grand champions、大関は champion rank、関脇は third highest rank in professional sumo wrestling ...」など説明してみましょう。

Japanese people really like sports.

Japanese people of all ages enjoy exercise and sports.
① exercise 名 訓練

A lot of people like to jog around the Imperial Palace.
① Imperial Palace 皇居

There are shower facilities near the Imperial Palace for the runners.
① facility 名 施設

The most popular sports in Japan are baseball, football, and *sumo*.

Sumo wreslers fight in a special ring called *dohyo*.

Martial arts such as *aikido*, *karate*, *judo* and *kendo* are popular among Japanese people.
① martial art 武道

Judo was designated as an official Olympic event for men in 1964.
① designate 動 指定する／※女子柔道は1992年に正式種目になりました

TOPIC 7

言語
Language

私たちが普段使っている言語＝日本語についての基礎知識を、英語で言ってみましょう。

★
□ 1 | 日本語には3種類の文字があります。 | ▶ There are ~.

★
□ 2 | それらは漢字、ひらがな、カタカナと呼ばれています。 | ▶ These are ~.

★
□ 3 | 漢字は中国から伝来しました。 | ▶ Kanji was ~.

★
□ 4 | 当時漢字は、エリートにのみ使われていました。 | ▶ At that time, ~.

★
□ 5 | その後、一般人が使用するためにカタカナが作り出されました。 | ▶ Later, ~.

★
□ 6 | カタカナは漢字の簡略バージョンなのです。 | ▶ Katakana is ~.

★
□ 7 | 日本語の起源は、2000年以上前にさかのぼります。 | ▶ The Japanese ~.

★★
□ 8 | 英国人が現代英語を話すようになったのは、日本が室町時代だった頃です。 | ▶ The British ~.

Check!

日本語は、漢字1つとっても成り立ちに意味があります。「日」や「木」や「山」など、絵を交えて説明すると、喜ばれるのではないでしょうか。また、日本が室町時代（the Muromachi Period）の頃、英国人が英語を話すようになったことからも、日本語の歴史は想像以上に古いものだと気づかされます。

CD 1 36

There are three different kinds of characters in the Japanese language.

These are *kanji*, *hiragana* and *katakana*.

Kanji was brought to Japan from China.

At that time, it was used only by the elite.

Later, *katakana* was created for commoners to use.
- commoner 名 一般人

Katakana is a simplified version of *kanji*.
- simplified 形 簡易化した

The Japanese language dates back to over 2000 years.
- language 名 言語／date back to ～にさかのぼる

The British began to speak modern English during the *Muromachi* Period in Japan.

TOPIC 8

言葉づかい
Wording

敬語をはじめとする、日本語独特の言葉づかいは、外国人から質問されることも多いトピックです。

★ □ 1		日本語には敬意を表す形があります。	▶ Japanese has ~.
★ □ 2		それは敬語と呼ばれています。	▶ It's called ~.
★★ □ 3		敬語には、尊敬語と謙譲語があります。	▶ Honorifics ~.
★ □ 4		男性と女性の話し方は異なります。	▶ Men and women ~.
★ □ 5		その違いは語尾に出ます。	▶ The difference ~.
★ □ 6		日本語にはいくつかの方言があります。	▶ There are ~.
★ □ 7		日本人はすぐに「すみません」と言います。	▶ Japanese ~.
★ □ 8		これは "I'm sorry," と "Excuse me," という両方の意味があります。	▶ It can mean ~.

> **Check!**
> 日本語には敬語（honorifics）があり、相手を重んじて話すという特徴があります。そのほかに、Yes. や I'm sorry. など、日本語の言葉遣い通りに英語に当てはめてしまうと意味が違ってきてしまう表現もあるので、その点も気を付けて発言してみましょう。

CD 1　37

Japanese has an honorific form of speaking.

It's called *keigo* or "honorifics."
① honorific　形 敬意を表す；名 敬語

Honorifics include respectful and humble expressions.
① respectful　形 敬意を表す／humble　形 謙虚な

Men and women have different styles of speaking.

The difference is noted at the end of the sentence.

There are several dialects in the Japanese language.
① dialect　名 方言

Japanese often say "*Sumimasen*."

It can mean both "I'm sorry," and "Excuse me."

TOPIC 9 禅

Zen Buddhism

日本のお寺も人気の観光スポットです。このトピックに興味を示す外国人はますます増えているようです。

★ 1	禅は、仏教の中で最大の宗派のひとつです。	▶ Zen is ~.
★ 2	禅はインド発祥です。	▶ Zen originated ~.
★ 3	それは中国を通じて日本に伝わりました。	▶ It was ~.
★ 4	禅は、鎌倉時代に本格的に広まりました。	▶ Zen was ~.
★★ 5	禅は悟りを開くことに重点をおきます。	▶ Zen meditation ~.
★ 6	坐禅は禅における精神鍛錬のひとつの方法です。	▶ Zazen is ~.
★★ 7	禅は自分自身の心を見つめ、自分自身を知ることを教えてくれます。	▶ Zen helps ~.
★ 8	そして禅はまた、自身の生き方を磨くことも教えます。	▶ And it also ~.

Check!

禅を通じて、自分を見つめ直し、自身の考え方・生き方に役立てていけるのは素晴らしいことです。禅を説明する際、瞑想（meditation）の一種だと考えると、禅を理解しやすいと思います。坐禅（Zen meditation (in a cross-legged position)）についても英語で説明できるといいですね。

Zen is one of the largest sects of Buddhism.
- sect 名 宗派

Zen originated in India.
- originate in 由来する

It was introduced to Japan through China.

Zen was spread widely in Japan during the *Kamakura* Period.

Zen meditation focuses on attaining enlightenment.
- meditation 名 瞑想／attain 動 成し遂げる／enlightenment 名 悟り

Zazen is a spiritual training form of *Zen*.
- spiritual training 精神鍛錬

Zen helps you to look at your own mind and know yourself.

And it also teaches you to refine your way of living.
- refine 動 磨く

TOPIC 10 世界遺産
World Heritage Sites

世界遺産もホットなトピックの1つですね。ぜひとも胸を張って説明できるようになりましょう。

★
□ 1 | 日本には世界遺産が19個あります。 | ▶ There are ~.

★
□ 2 | 古都京都には歴史に残る建造物がたくさんあります。 | ▶ There are ~.

★
□ 3 | それらは伝統的な日本文化を最大限に表しています。 | ▶ They express ~.

★
□ 4 | 法隆寺は世界最古の木造建築物です。 | ▶ Horyuji Temple ~.

★
□ 5 | 樹齢1300年のヒノキが使われて建てられました。 | ▶ It was built ~.

★
□ 6 | たくさんの人々が屋久島を訪れます。 | ▶ Many people ~.

★★
□ 7 | 人々はそこにいる間、大地からパワーをもらえると信じています。 | ▶ People believe ~.

★★
□ 8 | 富士山はその対称さと静謐、そして壮大な景観から世界中で有名です。 | ▶ Mt.Fuji is ~.

Check!

日本には世界遺産（world heritage）が各地にあります。そのいくつかを英語で説明しましょう。京都の神社仏閣（shrines and temples）はもちろんですが、文化遺産（cultural heritage）である富士山は、首都圏から近いこともあって、日帰りバスツアー（one-day bus tour）も大盛況だそうです。

There are 19 World Heritage sites in Japan.
⚠ 数が変わったら数字を入れ替えるだけでOKです

There are many historic monuments in ancient Kyoto.
⚠ historic monument 歴史的建造物／ancient 形 古代の

They express most of the traditional Japanese culture.

Horyuji Temple is the oldest wooden structure in the world.
⚠ wooden structure 木造建築物

It was built using 1,300 year-old hinoki cypress wood.
⚠ cypress 糸杉／ヒノキ = Japanese cypress

Many people visit Yakushima Island.

People believe they receive power from the ground while they are there.

Mt.Fuji is renowned worldwide for its symmetry, serenity and magnificent view.
⚠ renowned 形 有名な／symmetry 名 対称／serenity 名 平静

おまけフレーズ

BONUS! しゃべりたりない人に、**「日本の文化」**に関するおまけフレーズ8本です。はりきってどうぞ!

□1	日本語には、漢字、ひらがな、カタカナの3種類の文字があります。	▶ There are ~.
□2	日本語の「はい」はよく英語の"yes"と訳されます。	▶ The Japanese ~.
□3	しかしながら、同意していないときでも「はい」と言うことがあります。	▶ However, ~.
□4	物の名前の前に「お」を付けることで、物を敬う気持ちを表せます。	▶ You can ~.
□5	たとえば、土産という言葉に「お」を付けて「お土産」といいます。	▶ For example, ~.
□6	厳島神社は厳島にあります。	▶ Itsukushima ~.
□7	それは、「安芸の宮島」とも呼ばれています。	▶ It's called ~.
□8	それは日本三景の1つです。	▶ It's ~.

There are three different kinds of characters in the Japanese language: *kanji*, *hiragana* and *katakana*.
① character　名 文字

The Japanese word *hai* is translated as yes.
① translate　動 翻訳する

However, sometimes we say "*hai*," even if we don't agree with the other person.
① agree with　同意する

You can show respect for something by adding "*o*" before the name of it.
① show respect for　～を尊敬する

For example, you can add "o" to *miyage*, which means souvenir, to make the word *omiyage*.
① souvenir　名 土産

Itsukushima Shinto shrine is located on *Itsukushima* Island.
① Shinto shrine　神社／be located on　～にある

It's called *Aki no Miyajima*.

It's one of the three great views of Japan.
① great view　良い眺め

ちょっとブレイク！③
ラーメン関連の英語を覚えよう！

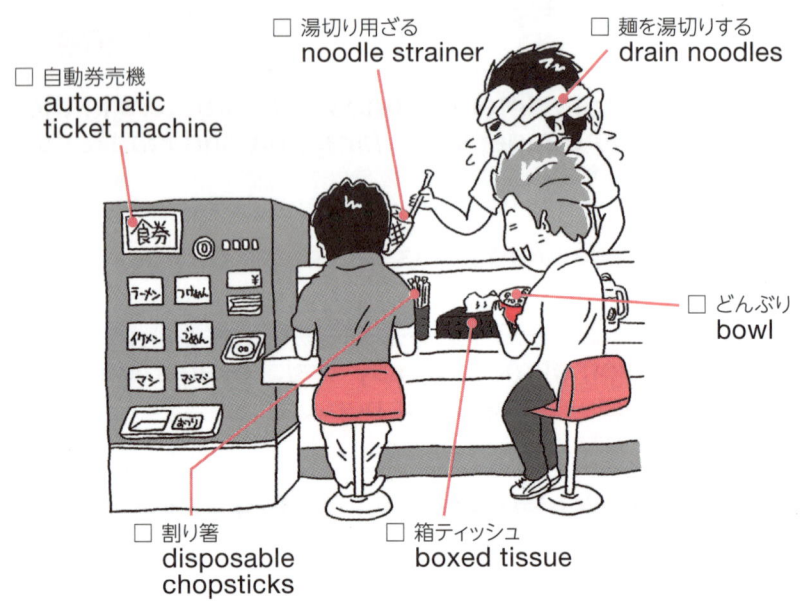

- 湯切り用ざる noodle strainer
- 麺を湯切りする drain noodles
- 自動券売機 automatic ticket machine
- どんぶり bowl
- 割り箸 disposable chopsticks
- 箱ティッシュ boxed tissue

□ れんげ	Chinese soup spoon
□ 食券	meal ticket
□ とんこつスープ	pork-bone stock
□ 鶏がらスープ	chicken-bone stock
□ だし	(soup) stock
□ おろしにんにく	grated garlic
□ 白コショウ	white pepper
□ ちぢれ麺	crimp noodle
□ 替え玉	extra noodle
□ チャーシュー	roast pork
□ ネギ	leek
□ メンマ	fermented bamboo shoot
□ なると	a loaf of boiled fish paste with a red-colored swirl in the center
□ のり	laver ; seaweed
□ つけめん	noodles served separately with soup
□ 冷やし中華	cold ramen in a tart broth
□ タンメン	Chinese noodles served with sautéed vegetables
□ ワンタンメン	wonton ramen

第4章

雅！ 風流！
芸術の世界

外国人観光客のほとんどは、このジャンルの中の少なくとも1つは体験してみたいと思っているでしょう。広く深いジャンルですが、話し始めのキッカケとして使えるフレーズを集めました。得意ジャンルがある人は、そこを中心に訓練するのもいいですね。

◆ TOPIC いちらん ◆

歌舞伎／能・狂言・文楽／琴・琵琶・三味線・尺八／落語・漫才／浮世絵／漆器・陶磁器／織物／和菓子／日本庭園／国宝／おまけフレーズ

TOPIC 1

歌舞伎
Kabuki

「日本の伝統芸能」といわれて、まずこれを思い浮かべる人は多いのではないでしょうか。

★ □ 1	歌舞伎は日本の伝統的な演劇の1つです。	▶ Kabuki is ~.
★ □ 2	それは400年以上の歴史があります。	▶ It has ~.
★★ □ 3	歌舞伎では、最初の役者は女性でしたが、現在は男性だけが演じます。	▶ Though ~.
★ □ 4	三大歌舞伎劇場は、東京、京都、大阪にあります。	▶ The three ~.
★ □ 5	「隈取り」は歌舞伎の特別な化粧法です。	▶ Kumadori ~.
★ □ 6	それは感情を表現するために使われます。	▶ It's ~.
★ □ 7	赤いメイクは正義のために戦うヒーローのために使われます。	▶ Red makeup ~.
★ □ 8	黒いメイクは悪党を表します。	▶ Black ~.

Check!

日本の伝統、歌舞伎は近年、若い人たちにもかなり浸透してきて、観劇の機会も増えてきているようです。歌舞伎が始まった時期に、ヨーロッパではバレエが始まったという史実があり、世界の動きと日本を照らし合わせながら見ていくと、なかなか面白いつながりを発見できるかもしれません。

CD 1　41

Kabuki is one of Japan's traditional stage arts.
- stage art　舞台芸術

It has a history of over 400 years.

Though women were the original performers in *kabuki*, only men perform it now.

The three most famous *kabuki* theaters are in *Tokyo*, *Kyoto* and *Osaka*.
- theater　名 劇場

Kumadori is a special style of *kabuki* makeup.

It's used to express emotions.
- emotion　名 感情

Red makeup is used for heroes fighting for justice.
- justice　名 正義

Black makeup is used for villains.
- villain　名 悪党

TOPIC 2

能・狂言・文楽
Noh, Kyogen and Bunraku

改めて説明するとなると意外と知らないことがあるかもしれませんが、この機会に少し覚えちゃいましょう。

★
□ 1 　能は、日本最古の音楽劇です。　▶ Noh is ~.

★
□ 2 　狂言は、笑いをふんだんに取り入れた伝統的な演劇です。　▶ Kyogen is ~.

★
□ 3 　能と狂言は室町時代に完成しました。　▶ Noh and ~.

★
□ 4 　能の演者は「能面」という面を付けます。　▶ Noh actors ~.

★
□ 5 　彼らは舞で感情を表現します。　▶ They express ~.

★
□ 6 　文楽は、古典的な人形劇です。　▶ Bunraku is ~.

★★
□ 7 　「黒衣」は、黒い着物と黒い頭巾を着用する人形遣いです。　▶ Kurogo are ~.

★
□ 8 　彼らは人形をあやつります。　▶ They ~.

> **Check!**
>
> 日本最古の演劇である能、笑いがメインの狂言、古典的な人形劇の文楽は、日本人でも知らないことが多い分野ではないでしょうか。例えば能面の<u>中将</u>（court noble）、<u>般若</u>（female demon）、<u>小面</u>（young woman）…など、専門的な名詞を英語で見ると、逆に理解が早かったりするかもしれません。

CD 1　42

Noh is the oldest traditional theater music drama in Japan.
① music drama　音楽劇

Kyogen is a traditional drama with lots of laughter.

Noh and *kyogen* were established during the *Muromachi* Period.
① establish　動 確立する／period　名 時代

Noh actors wear masks called *noh-men*.

They express emotions through dance.
① emotion　名 感情

Bunraku is a classical Japanese puppet play.
① classical　形 古典的な／puppet play　人形劇

Kurogo are the puppeteers wearing black clothes and hoods.
① puppeteer　名 操り人形師

They manipulate the puppets.
① manipulate　動 操作する

TOPIC 3

琴・琵琶・三味線・尺八
Koto, Biwa, Shamisen and Shakuhachi

弦の数や材質など、豆知識的に知っていると、日本語での会話も広がるかもしれませんね。

★
□ 1 | 三味線は、3弦の楽器です。 | ▶ Shamisen is ~.

★
□ 2 | 三味線はバチを使って演奏します。 | ▶ Shamisen is ~.

★
□ 3 | 琵琶は、4弦あるいは5弦の弦楽器です。 | ▶ Biwa is ~.

★
□ 4 | リュートに似ています。 | ▶ It's ~.

★★
□ 5 | 琴はハープを水平にしたような形の木製の楽器で13弦です。 | ▶ Koto is ~.

★
□ 6 | その長さは約180cmで幅は約30cmです。 | ▶ It's about ~.

★★
□ 7 | 尺八は、フルートに似た竹製の管楽器です。 | ▶ Shakuhachi ~.

★★★
□ 8 | 聖徳太子が吹いたとされる尺八が法隆寺に現存しています。 | ▶ The shakuhachi ~.

> **Check!**
>
> 日本の伝統的な楽器もまた、普段触れる機会がないと、日本人でも知らないことが多いです。弦楽器（string(ed) instrument）、管楽器（wind instrument）、打楽器（percussion instrument）や、弦（string）、（打楽器用）ばち（drumstick）、（弦楽器用）ばち（pick）などの用語も覚えておきましょう。

CD 1　43

Shamisen is a three-stringed instrument.

Shamisen is played with a pick.

Biwa is a string instrument with four or five strings.
① string instrument　弦楽器

It's similar to a lute.
① be similar to　〜と似ている

Koto is a horizontal harp-like wooden instrument with 13 strings.
① horizontal　形 水平の／-like　〜のような

It's about 180 centimeters long and 30 centimeters wide.
① 180㎝は約6 feet、30㎝は約1 feet です

Shakuhachi is a bamboo woodwind instrument similar to a flute.
① bamboo　名 竹／woodwind instrument　木管楽器

The *shakuhachi* that Prince *Shotoku* was said to have played can still be seen in *Horyuji*.

TOPIC 4

落語・漫才
Rakugo and Manzai

"面白い日本"を教えてあげるのも、外国人と楽しくコミュニケーションするためには重要です。

★ □1	落語は日本の伝統的なおもしろい話芸です。	▶ Rakugo is ~.
★ □2	それは江戸時代にさかのぼる、400年の歴史があります。	▶ It has ~.
★★ □3	滑稽なオチで終わるのが落語の特徴です。	▶ A common ~.
★ □4	落語では、1人の演者が滑稽な話をします。	▶ In rakugo, ~.
★★ □5	演者は扇子や手拭いを巧みに使います。	▶ A rakugo ~.
★ □6	漫才は滑稽な演芸です。	▶ Manzai is ~.
★ □7	漫才では、2人のお笑い芸人が面白い話をします。	▶ In manzai, ~.
★ □8	漫才は日本の若者にも大変人気があります。	▶ Manzai is ~.

> **Check!**
> 漫才のボケとツッコミは、The performer in the boke role tells a funny story or makes a mistake. The performer in the role of tsukkomi, points his or her partner's mistake out or gives a comical punch line. (ボケは滑稽な話や間違いを言い、ツッコミがすばやくそれを指摘します) で表現できます。

CD 1 44

Rakugo is a traditional Japanese art of comical storytelling.
- storytelling 話術

It has a 400 year old history dating back to the *Edo* Period.
- date back to （起源などが）〜にさかのぼる

A common characteristic of *rakugo* is that it ends with a punchline.
- punchline 名 オチ

In *rakugo*, a single performer tells a comical story.

A *rakugo* performer uses a fan and a wash cloth skillfully as props.
- Unlike *kabuki* and *noh*, （歌舞伎や能と違って）と文頭につけてもOK

Manzai is a comical performing art.
- comical performing art 滑稽な演芸

In *manzai*, two comedians tell funny stories.
- comedian 名 お笑い芸人

Manzai is also very popular among young Japanese.

第4章 雅！風流！芸術の世界

TOPIC 5: 浮世絵 Ukiyo-e

日本の伝統芸術の中で、浮世絵を知っている外国人はかなり多いでしょうから、基礎知識は入れておきましょう。

★ 1	浮世絵は日本の伝統的な版画です。	▶ Ukiyo-e ~.
★ 2	江戸時代に流行しました。	▶ They were ~.
★ 3	「浮世」とは、「現代風」という意味で、浮世絵は風俗画です。	▶ Ukiyo ~.
★★ 4	浮世絵は、たくさん印刷するために木版画で作られました。	▶ Ukiyo-e were ~.
★ 5	そのため、庶民はそれを安い値段で買うことができました。	▶ That's why ~.
★ 6	1890年にはパリで浮世絵展が開催されました。	▶ An ukiyo-e ~.
★★ 7	葛飾北斎に代表される遠近法が浮世絵の特徴です。	▶ Perspective ~.
★★★ 8	ゴッホは、浮世絵に魅了され影響された多くの画家の1人です。	▶ Van Gogh ~.

> **Check!**
>
> 江戸時代に栄えた浮世絵は、庶民に人気があったばかりでなく、その技法の素晴らしさが海外にも影響を与えました。東京には、太田記念美術館（Ota Memorial Museum of Art）という浮世絵専門の美術館があり、いつでも浮世絵を見られますので、浮世絵に興味のある外国人に教えるといいでしょう。

Ukiyo-e are traditional Japanese print paintings.

They were very popular in the *Edo* Period.

Ukiyo means "modern," and *ukiyo-e* are genre paintings.
- genre painting 風俗画

Ukiyo-e were made from wood blocks as a way to print many pictures.
- wood block 木版／as a way to ～する手段として

That's why even commoners were able to buy them.

An *ukiyo-e* exhibition was held in Paris in 1890.
- exhibition 名 展覧会

Perspective represented by *Katsushika Hokusai* is characteristic of *ukiyo-e*.
- perspective 名 遠近法／represented by ～によって代表される

Van Gogh is one of many artists who were fascinated and influenced by *ukiyo-e*.
- fascinate 動 魅了する／influence 動 影響する

第4章 雅！風流！芸術の世界

TOPIC 6 漆器・陶磁器
Lacquerware and Ceramics

陶磁器や漆器はさまざまな種類があり、日本土産としてもオススメしたいものの1つですね。

★ □1	漆器は漆でコーティングされています。	▶ Lacquerware ~.
★★ □2	木製の器や絵画、仏像などといった漆器は、洗練された装飾芸術です。	▶ Lacquerwares ~.
★ □3	漆器は歴史的に英語で「ジャパン」と呼ばれています。	▶ Lacquerware ~.
★ □4	石川県の輪島塗は、とても丈夫です。	▶ Wajima ~.
★★ □5	緻密な技術で作り出された作品が多いです。	▶ A lot of ~.
★★ □6	陶磁器はろくろ上で形づくられ素焼きされます。	▶ Ceramics are ~.
★ □7	そして陶磁器は絵付けされ、釉薬をつけられたあと焼かれます。	▶ Then the ~.
★ □8	京都の清水焼は、その優美な模様で有名です。	▶ Kyoto's ~.

> **Check!**
> 陶磁器・漆器は、製作される日本の県によってそれぞれの特徴があります。陶磁器や瀬戸物のことは china、漆器のことは英語で japan と言います。漆器でひときわ目を引く蒔絵は、traditional Japanese lacquer sprinkled with small gold or silver powder as a decoration などと説明しましょう。

Lacquerware is coated with lacquer.
① lacquerware 名 (集合的に)漆器／lacquer 漆

Lacquerwares such as wooden containers, paintings and Buddha statues are fine and decorative arts.
① Buddha statue 仏像／fine 形 洗練された／decorative arts 装飾芸術

Lacquerware is historically referred to as *japan* in English.
① historically 副 歴史的に／referred to as ～と呼ばれる

Wajima lacquerware from *Ishikawa* prefecture is especially sturdy.
① sturdy 形 頑丈な

A lot of pieces are created with the very finest of skill.
① piece 名 (美術・音楽・文学などの)作品

Ceramics are shaped on a pottery wheel and fired without glazing.
① ceramic 名 陶磁器／pottery wheel ろくろ／glaze 動 釉薬をかける

Then the ceramics are painted and fired after glazing.

Kyoto's *Kiyomizu* ware is famous for its elegant design.
① ware 名 同一産地の陶磁器／design 名 模様；図柄

第4章 雅！風流！芸術の世界

TOPIC 7

織物
Woven Fabrics

西陣織に黄八丈、結城紬など、特徴のある織物は、海外での評判も高いです。

★★
□ 1 | 日本の織物産業は、着物文化とともに進歩してきました。 | ▶ The Japanese ~.

★
□ 2 | 西陣織は日本の伝統的な織物です。 | ▶ Nishijin-ori is ~.

★
□ 3 | それは京都で500年以上の歴史があります。 | ▶ It has a ~.

★
□ 4 | 黄八丈は東京、八丈島産です。 | ▶ Kihachijo is ~.

★
□ 5 | それは島の植物を使って染められています。 | ▶ It's ~.

★
□ 6 | 茨城県の結城紬は丈夫です。 | ▶ Yuki pongees ~.

★
□ 7 | 職人の手で紡がれた糸で織られています。 | ▶ They are ~.

★
□ 8 | 大島紬は鹿児島県の奄美大島の泥で染められています。 | ▶ Oshima pongees ~.

Check!

世界でも有名な日本の民族衣装である着物を形作る織物も、陶磁器と同様に、地域によって非常に多様性があります。高価なものも多いので、購入は難しいかもしれませんが、事前に申し込むと織物や染物の体験をさせてくれる工房もありますので、一緒に参加すれば一味ちがった思い出ができるでしょう。

CD 1 | 47

The Japanese textile industry developed along with *kimono* culture.
- textile industry 繊維工業／develop 動 進歩する

Nishijin-ori is a traditional Japanese woven fabric.
- woven fabric 織物

It has a 500-plus-year history in *Kyoto*.
- -plus-year 〜数年の

Kihachijo is from Hachijo Island in Tokyo.

It's dyed using plants from the island.
- dye 動 染める

Yuki pongees of Ibaraki prefecture are very durable.
- pongee 名 絹紬／durable 形 丈夫な

They are woven with yarn spun from floss by the hands of the craftsmen.
- woven 名 織物／yarn 名 糸／spin 動 つむぐ／floss 名 綿毛

Oshima pongees are dyed by mud on Amami Island in Kagoshima Prefecture.

第4章 雅！風流！芸術の世界

113

TOPIC 8

和菓子
Japanese Sweets

独特の魅力が満載の和菓子。
特に生菓子は訪日旅行者にぜひ
味わってもらいたいものですね。

★
□ 1 | 一般的に、和菓子は日本茶と一緒に供されます。 | ▶ Japanese ~.

★
□ 2 | 和菓子はまるで芸術作品です。 | ▶ Japanese ~.

★★
□ 3 | 独特の味わいはもちろん、形や色も楽しめます。 | ▶ You can ~.

★
□ 4 | 和菓子は季節と調和するように作られています。 | ▶ Japanese ~.

★
□ 5 | 日本の年中行事の必需品です。 | ▶ They are ~.

★★
□ 6 | 多くの和菓子には小豆が使われています。 | ▶ Azuki beans ~.

★
□ 7 | 小豆はおいしいだけでなく、栄養価が高いです。 | ▶ Azuki beans ~.

★
□ 8 | 食物繊維やポリフェノールなどが多く含まれています。 | ▶ They are ~.

> **Check!**
>
> 最近、特に世界の人々からの人気が高まっているのが日本の和菓子です。せんべい（rice cracker）や饅頭（steamed bean-jam bun）などカジュアルなものから老舗和菓子店で売られている高級品まで、いろいろ紹介しちゃいましょう。（一緒に飲むお茶については、P122 で単語のまとめを収録しました）。

CD 1　48

Japanese sweets are usually served with Japanese tea.

Japanese sweets are like works of art.
- work of art　美術品

You can enjoy the unique taste, as well as the shape and color.

Japanese sweets are made to match the season.
- match　動 調和する

They are essential to annual events in Japan.
- essential to　～にとって絶対必要である／annual event　年中行事

Azuki **beans are used in the making of many Japanese sweets.**

Azuki **beans are not only tasty, but they are also highly nutritious.**
- tasty　形 おいしい／nutritious　形 栄養のある

They are high in fiber and polyphenols.
- fiber　名 食物繊維／polyphenol　名 ポリフェノール

TOPIC 9

日本庭園
Japanese Gardens

「築山」や「枯山水」などの基礎知識を英語で伝えられると、より日本庭園の魅力を知ってもらえます。

★
□ 1 | 日本庭園は、美しく風光明媚な自然を表しています。 | ▶ Japanese ~.

★★
□ 2 | 日本庭園は1000年以上前から伝わる芸術形式です。 | ▶ Japanese ~.

★
□ 3 | 日本庭園には2つの形式があります。 | ▶ There are ~.

★
□ 4 | ひとつは「築山」、もうひとつは「枯山水」です。 | ▶ One is ~.

★
□ 5 | 「築山」は、池や盛り土が海と山を表現します。 | ▶ In tsukiyama style, ~.

★★
□ 6 | 「枯山水」は、白い砂と石で波や滝を表現します。 | ▶ In kare-sansui style, ~.

★
□ 7 | 京都の二条城の庭園は「築山」の例です。 | ▶ Nijo Castle garden ~.

★
□ 8 | 代表的な「枯山水」の庭園は京都の竜安寺です。 | ▶ The garden at ~.

Check!

京都、竜安寺の石庭は、日本人が誇る日本庭園のひとつですが、その美しさに魅了される外国人も多く、海外の自宅の庭を日本庭園風に造る人もいるほどだそうです。最近では錦鯉（koi；fancy carp）が海外で大人気。今やその生産量の8割以上が海外に輸出されています。

Japanese gardens display beautiful and scenic nature.
① scenic 形 風光明媚な

Japanese gardens are an art form that dates back over 1,000 years ago.
① art form 芸術形式／date back さかのぼる

There are two types of gardens in Japan.

One is *tsukiyama* and the other is *kare-sansui*.

In *tsukiyama* style, ponds and mounds of dirt represent the sea and mountains.
① mound 名 盛り土／represent 動 ～を表す

In *kare-sansui* style, waves and waterfalls are symbolized by white sand and rocks.
① symbolize 動 ～を象徴する

***Nijo* Castle garden in *Kyoto* is an example of the *tsukiyama* style.**

The garden at *Ryoan-ji* Temple in *Kyoto* is a typical example of the *kare-sansui* style.
① typical 形 代表的な

第4章 雅！風流！芸術の世界

TOPIC 10

国宝
National Treasures

国宝は非常に数が多いので、すべてを把握しようとせず、相手の興味に合わせて紹介していきましょう。

★
□ 1 | 日本のほとんどの県に国宝があります。 | ▶ Almost all ~.

★★
□ 2 | 奈良には国宝に指定された仏像や仏画がたくさんあります。 | ▶ There are ~.

★
□ 3 | 法隆寺一帯の寺院も国宝です。 | ▶ The Buddhist monuments ~.

★★
□ 4 | 弥生時代に漢の光武帝が奴国の王に金印を授けました。 | ▶ During the ~.

★
□ 5 | その金印は日本最古の金製品です。 | ▶ The gold stamp ~.

★
□ 6 | それは『後漢書』の記載を裏付けました。 | ▶ Its existence ~.

★
□ 7 | 長崎県にある「大浦天主堂」は、日本最古の現存する教会です。 | ▶ Ouratenshu-do in ~.

★★
□ 8 | 野村万作は、人間国宝の狂言師です。 | ▶ Mansaku ~.

Check!

国宝は、文部科学省（Ministry of Education, Culture, Sports, Science and Technology）によって指定されます。法隆寺以外にも多くの国宝が——仏像などだけにとどまらず、人物を国の宝とする「人間国宝」も——存在します。人間国宝は英語で a living national treasure です。

Almost all the prefectures in Japan have national treasures.
① prefecture 名 県

There are many Buddhist statues and pictures designated as national treasures in *Nara*.
① Buddhist statue 仏像／designated 指定された

The Buddhist monuments in the *Horyu-ji* area are also national treasures.
① Buddhist monument 仏教建造物

During the *Yayoi* Period, *Kobu-tei* of Han dynasty granted a gold stamp to the king of *Na*.
① dynasty 名 王朝／grant 動 与える

The gold stamp is the oldest gold item in Japan.

Its existence is mentioned in an ancient record called *Gokan-sho*.
① existence 名 存在／後漢書 = History of the later Han

***Ouratenshu-do* in *Nagasaki* prefecture is the oldest existing church in Japan.**
① existing 形 現存する

***Mansaku Nomura* is a *kyogen* actor and considered a living national treasure.**
① living national treasure 人間国宝

第4章 雅！風流！芸術の世界

おまけフレーズ

BONUS! しゃべりたりない人に、「**日本の芸術**」に関する
おまけフレーズ8本です。はりきってどうぞ！

□1	歌舞伎役者は「梨園」という世界に属します。	▶ The actors ~.
□2	伝統芸が父から息子へ受け継がれます。	▶ The tradition ~.
□3	歌舞伎は1603年に初めて演じられました。	▶ Kabuki ~.
□4	それは「出雲阿国」という京都の女性舞踏家によって演じられました。	▶ It was ~.
□5	石川県の九谷焼は、色鮮やかな絵付けで海外でも有名です。	▶ Kutani ware ~.
□6	博多織は、デザイナー桂由美によって、ヨハネ・パウロ2世の祭服にも用いられました。	▶ Hakata-ori ~.
□7	和菓子職人は、自然の風物を自分の感性によって和菓子に表現します。	▶ The craftsmen ~.
□8	水戸の偕楽園、金沢の兼六園、岡山の後楽園は日本の三大庭園です。	▶ Kairaku-en ~.

The actors belong to *rien*, the world of *kabuki* actors.
- belong to ～に属する

The tradition is often passed down from father to son.
- tradition 名 伝統；伝承／pass down （次の世代に）伝える

Kabuki was first performed in 1603.

It was performed by *Izumo-no-Okuni*, a female dancer in *Kyoto*.

Kutani ware from *Ishikawa* prefecture is famous worldwide for its vivid painted art.
- vivid 形 色鮮やかな

Hakata-ori was used to make Pope John Paul II's pontifical by *Yumi Katsura*, a Japanese designer.
- pontifical 名 (司教の)祭服

The craftsmen of Japanese sweets depict features of nature in their confectionery.
- craftsman 名 男性の職人／depict 動 ～を描写する／feature 名 特徴；風物

Kairaku-en in *Mito*, *Kenroku-en* in *Kanazawa* and *Koraku-en* in *Okayama* are known as the three greatest gardens in Japan.
- be known as ～として知られている

第4章 雅！風流！芸術の世界

ちょっとブレイク！④
日本庭園やお茶に関する英語を覚えよう！

- ☐ 庭木戸　garden gate
- ☐ 庭石　garden rock
- ☐ 生垣　hedge
- ☐ 池　pond
- ☐ 鯉　carp
- ☐ 石燈籠　stone lantern

- ☐ 飛石　steppingstone
- ☐ 石畳　stone pavement
- ☐ 築山　mountain-shaped mound in a Japanese garden
- ☐ 苔　moss
- ☐ 茶道具　tea utensil
- ☐ 野点　open air-tea ceremony
- ☐ 懐紙　Japanese tissue
- ☐ 干菓子　dry confection
- ☐ 抹茶　powdered green tea
- ☐ 玉露　green tea of the best quality
- ☐ 玄米茶　tea mixed with roasted rice
- ☐ 煎茶　green tea (of medium quality)
- ☐ 番茶　(low-grade) coarse green tea
- ☐ ほうじ茶　roasted tea
- ☐ 番傘　umbrella made of oiled paper
- ☐ 緋毛氈　scarlet felt carpet
- ☐ 借景　borrowing landscape
- ☐ 石庭　rock garden
- ☐ 雪隠；厠　restroom ; lavatory
- ☐ 手水鉢　washbasin

第5章

産業について語ろう！

ひとくちに「産業」といっても、その分野によって使われるボキャブラリーはかなり異なっていたり専門的だったりします。たとえば自分が関心を持っている分野やじっさいに働いている業種などから入っていくと、わりとスムーズに英語フレーズが身に付くかもしれません。

◆ TOPIC いちらん ◆

産業国日本／工業／農林水産業／製造業／IT産業／サービス業／日本製／環境関連技術／バブル経済／世界1位の日本／おまけフレーズ

TOPIC 1

産業国日本
Japan's Industrial Sector

ちょっとお堅い印象かもしれませんが、この章の話題を盛り込めると、会話の幅がぐっと広がります。

★ □1	日本は世界第3位の経済大国です。	▶ Japan is ~.
★ □2	たった0.4%の土地だけが産業用地として使われています。	▶ Only 0.4 ~.
★ □3	日本は終戦後、急速に発展を遂げてきました。	▶ Japan developed ~.
★ □4	日本人の国民性は勤勉さや勤労意欲です。	▶ Japanese ~.
★ □5	それらが戦後の日本の経済発展を支えました。	▶ These traits ~.
★★ □6	日本は「ものづくり産業」において、世界有数の競争力を持っています。	▶ Japan's ~.
★★ □7	自動車産業において、日本企業は現地生産を推進しました。	▶ Through ~.
★★ □8	結果として、世界各国の工業化に大きく貢献しています。	▶ As a result, ~.

> **Check!**
>
> 日本の産業の発展は戦後めざましく、現在では自国の発展のみならず、他国の工業化にも貢献しています。「世界第〜位の…」という表現は、the ＋ 〜 ＋ -est のように、最上級に序数を入れて the third largest （世界3位の大きさ）のようにして表現しましょう。

Japan is the third largest economic power in the world.
- economic power　経済大国

Only 0.4 percent of the land is used for industrial purposes.
- industrial　形 工業の／purpose　名 目的

Japan developed quickly after the end of World War II.

Japanese traits are diligence and a desire to work.
- trait　名 特性／diligence　名 勤勉

These traits supported Japan's economic development after World War II.
- economic development　経済発展

Japan's manufacturing industries are amongst the most competitive in the world.
- manufacturing industry　製造業／amongst = among

Through the automobile industry, Japanese enterprises have promoted local manufacturing operations.
- enterprise　名 企業／manufacturing operation　製造作業

As a result, they contribute greatly to the industrialization of countries around the world.
- industrialization　名 工業化

TOPIC 2

工業
Industry

日本の工業とその製品についての基礎知識を、英語で言えるようになりましょう。

★
☐ 1 | 日本の工業製品は品質が高いです。 | ▶ Japanese ~.

★
☐ 2 | そのため、輸出が増加しました。 | ▶ That's why ~.

★
☐ 3 | 東京・名古屋・大阪は日本の三大工業地帯です。 | ▶ Tokyo, ~.

★
☐ 4 | これらの地帯は交通の便がいいです。 | ▶ There are ~.

★
☐ 5 | その3つの工業地帯は海が近いです。 | ▶ The three ~.

★
☐ 6 | そのため、製品の輸送にも便利です。 | ▶ That's why ~.

★★
☐ 7 | 日本の工業生産額の約46%は機械工業です。 | ▶ The machinery ~.

★
☐ 8 | 鉄の生産は世界第2位です。 | ▶ Japan is ~.

> **Check!**
> 戦前、繊維工業（textile industry）が中心だった日本は、戦後、重化学工業（heavy and chemical industry）の発展とともに高度成長（high economic growth）の時代を迎え、オイルショック後は省エネ（energy saving）に取り組み、機械工業（machine industry）中心となりました。

第5章 産業について語ろう！

CD 2 02

Japanese industrial products are excellent in quality.
- excellent 形 上質の

That's why exports have increased over the years.
- export 名 輸出

Tokyo, *Nagoya* and *Osaka* are the three big industrial areas in Japan.
- industrial areas 工業地帯

There are good transportation facilities in these areas.
- transportation facilities 交通機関

The three big industrial areas are near the sea.

That's why it's convenient to transport products from these areas.
- transport 動 郵送する

The machinery industry makes up about 46 percent of the industrial production in Japan.
- machinery 名 機械／industrial production 工業生産（高）

Japan is the second largest steel-producer.

TOPIC 3 　農林水産業
Agriculture, Forestry and Fisheries

食べ物や住宅など、日常生活に密着したこれらの産業に関するネタは、知っていると便利です。

★★ 1	農作物の総生産額は畜産が3割を占めます。	▶ Stockbreeding ~.
★ 2	野菜・米の生産が2割以上を占めます。	▶ Vegetable and ~.
★ 3	寒さに強い米が開発されました。	▶ A rice ~.
★ 4	今や北海道は米の生産量が全国一です。	▶ And now ~.
★ 5	木質バイオマスに期待が高まっています。	▶ The hopes ~.
★★ 6	廃材や廃棄建材などを再利用して、エネルギーを取り出すことができるのです。	▶ We can extract ~.
★★ 7	水産資源の減少傾向をとめなければなりません。	▶ We should ~.
★ 8	資源管理の有効な政策を実施することが必要です。	▶ It's ~.

Check!

食の安全に関する関心が高まる昨今では、化学肥料（(chemical) fertilizer）に対しての有機肥料（organic fertilizer）や有機栽培（organically-cultivation）、無農薬栽培（pesticide-free production）や水耕栽培（hydroponic culture）などの表現も、まとめて覚えておくと便利です。

Stockbreeding makes up 30 percent of the total agricultural production.
stockbreeding 名 畜産業／agricultural production 農業生産

Vegetable and rice production make up more than 20 percent.

A rice strongly resistant to cold temperatures was developed.
strongly 副 強く／resistant 形 抵抗力のある

And now *Hokkaido* has the highest rice yield in Japan.
yield 名 生産高

The hopes for woody biomass have been risen.
woody biomass 木質バイオマス

We can extract energy by recycling scrap wood and discarded construction materials.
extract 動 摘出する／discarded 形 不要な／material 名 材料

We should stop the downward trend in marine resources.
downward trend 減少傾向／resource 名 資源

It's necessary to work out an effective policy for the management of resources.
work out 実施する／effective policy 有効な政策

TOPIC 4

製造業
Manufacturing Industry

「食品産業」「製品開発」など、語句はちょっと長めですが、構文はシンプルですので、頑張って言ってみましょう。

★ 1 食品産業にとって最も大切なのは、安心と安全です。
▶ The most ~.

★ 2 日本人の誠実さは、信頼できる製品の開発にこめられます。
▶ Japanese ~.

★ 3 コラーゲンは写真のフィルムの材料として使われていました。
▶ Collagen was ~.

★ 4 しかし今は、コラーゲンは化粧品に応用されています。
▶ But now ~.

★ 5 発想の転換は素晴らしいです。
▶ Thinking ~.

★ 6 高齢化と少子化が原因で、労働人口は減ってきています。
▶ The labor ~.

★ 7 ロボットの活用に対する注目がますます高まっています。
▶ More and ~.

★ 8 日本の技術は限りなく進化し続けます。
▶ Japanese ~.

Check !

日本の製造業（manufacturing industry）の技術の進化はめざましく、品質の良さによって世界からの信頼を得ています。製造業は非常に広い分野で、家電（home electrical appliance）や自動車などの工業製品（industrial product）だけでなく、スーパーやコンビニで売られている総菜（daily dish）や飲料（beverage）などを作る産業も含まれます。

第5章 産業について語ろう！

CD 2 | 04

The most important thing in the food industry is security and safety.
- food industry 食品産業

Japanese are dedicated to developing trustworthy products.
- be dedicated to 献身的に行う／ trustworthy 形 信頼できる

Collagen was used as material for photographic film.
- collagen 名 コラーゲン／ material for の材料／ photographic 形 写真の

But now collagen is used in cosmetics.
- cosmetic 名 化粧品

Thinking from a different angle is wonderful.

The labor force is decreasing because of the aging society and low birth rate.
- labor force 労働力（人口）／ aging society 高齢化社会

More and more focus is being put on the use of robots.

Japanese technology continues to evolve without limits.
- evolve 動 発達する／ without limit 限りなく

TOPIC 5

IT産業
Information Technology Industry

ITはもはや世界中の暮らしに深く関わるトピックです。日本の現状をいくつか英語で言ってみましょう。

★
□ 1 | 日本政府は企業のIT化を支援しています。 | ▶ The Japanese ~.

★★
□ 2 | 1990年代まで、IT産業の中心はコンピュータ機器の製造でした。 | ▶ Until the ~.

★
□ 3 | 2000年以降、情報サービスがIT産業の主体になりました。 | ▶ After 2000, ~.

★
□ 4 | 日本のエンジニアの技術は世界でもトップです。 | ▶ The skill ~.

★★
□ 5 | 日本では、ITとプログラミングの技術を教える小学生向けの教室が流行しています。 | ▶ Elementaly ~.

★
□ 6 | 日本のIT業界は、今後も成長が期待されています。 | ▶ The Japanese ~.

★
□ 7 | 日本のIT業界は、スマートフォンの普及に伴って今後も大きな成長が期待されています。 | ▶ The Japanese ~.

★★★
□ 8 | 2014年にアメリカで行われたプログラミングコンテストで、日本の大学生がトップ20人中15人を占めました。 | ▶ In the U.S. ~.

> **Check!**
> ITは、Information Technology（情報（通信）技術）の略。IT産業は、<u>情報通信</u>（information and communications）の機器製造業と、<u>情報通信産業</u>（information and communication industry）と、<u>情報サービス産業</u>（information service industry）の3つに区分できるとも言われています。

The Japanese government supports the efforts of companies to develop IT.

Until the 1990s, the center of the IT industry was the production of computers.

After 2000, information services became the nucleus of the IT industry.
⊘ information service 情報サービス／ nucleus 名 中心部

The skill level of Japan's engineers is amongst the highest in the world.

Elementaly school students in Japan are commonly taught IT programming in school.

The Japanese IT industry is expected to grow in the future.

The Japanese IT industry is expected to expand in the future with the mass use of smartphones.
⊘ mass 形 大量の／ smartphone 名 スマートフォン

In the U.S. national programming contest held in 2014, 15 of the top 20 were Japanese college students.

TOPIC 6

サービス業
Service Industry

日本のサービス業について、実例を少し挙げたりしながら英語で説明してみましょう。

★ □1	サービス業は厳しい競争に直面しています。	▶ Competition in ~.
★★ □2	少子高齢化、都市部への人口集中がその原因です。	▶ This is due to ~.
★ □3	日本のサービス業は、顧客へよりよいサービスを提供しようと努力します。	▶ The Japanese ~.
★★ □4	東京ディズニーランドは、継続的な投資でアトラクションを新しくし続けています。	▶ Tokyo Disneyland ~.
★ □5	その結果、来園者数は増えています。	▶ As a result, ~.
★★ □6	日本のサービス産業の海外での事業展開には多様性があります。	▶ Overseas ~.
★ □7	その1例は、とある日本のビルメンテナンス会社です。	▶ One example ~.
★ □8	その会社はタイで高級日本料理店を経営しています。	▶ The company ~.

> **Check!**
> サービス業は、旅行にも深く関わっていますので、外国人観光客の人たちは、肌で日本のサービス業に触れることになります。日本の伝統的な価値観やしきたりに基づいた独特の<u>おもてなし</u>（omotenashi ; hospitality）は、ときに彼らを驚かせ、感動させるかもしれません。

Competition in the service industry is fierce.
- fierce 形 過酷な

This is due to the aging society, a low birthrate and condensation of population in urban districts.
- aging society 高齢化社会／condensation 名 凝縮／urban district 市街地

The Japanese service industry is striving to offer better services to customers.
- strive 動 努力する

Tokyo Disneyland has renewed its attractions with continuous investments.
- renew 動 新しくする／continuous 形 継続的な／investment 名 投資

As a result, the number of visitors has increased.

Overseas expansion of the Japanese service industry is diverse.
- overseas 形 海外の／expansion 名 拡張／diverse 形 多様な

One example is a Japanese building maintenance company.
- one example is たとえば

The company runs an exclusive Japanese restaurant in Thailand.
- run 動 経営する／exclusive 形 高級な

TOPIC 7

日本製
Made in Japan

日本の様々な技術について、いくつかのジャンルについて具体例を挙げつつ紹介しましょう。

★★
□ 1 | 日本は品質が高い製品を作ることで知られています。 | ▶ Japan is ~.

★
□ 2 | 日本人は手先が器用です。 | ▶ Japanese ~.

★
□ 3 | 日本人は細かい作業が得意です。 | ▶ Japanese ~.

★
□ 4 | シャープという日本の企業が、1964年に電卓を商品化しました。 | ▶ Sharp, ~.

★
□ 5 | 北京オリンピックメイン会場の「鳥の巣」の屋根は日本製です。 | ▶ The roof of ~.

★
□ 6 | 日本製の旅客機が約50年ぶりに製造されました。 | ▶ Japanese ~.

★
□ 7 | 日本は偽札が作られるのを防ぐための高い技術を持っています。 | ▶ Japan has ~.

★
□ 8 | 日本は海外の紙幣印刷に貢献しています。 | ▶ Japan ~.

Check!

日本人の細やかな性格や手先の器用さは、製品を作る上で非常に力を発揮しており、<u>日本製</u>（made in Japan）の世界における信頼度は高いです。製品の<u>安全性</u>（safety）や構造的な<u>堅牢性</u>（toughness）に加えて、製品の<u>出荷前検査</u>（pre-shipment inspection）も高水準だからだと思われます。

CD 2 | 07

Japan is known for producing high quality products.
- be known for ～で知られている

Japanese are skilled with their hands.
- skilled 形 腕のいい

Japanese are skilled in doing fine-detailed work.
- fine-detailed 形 きめ細かい／ work 名 作業

Sharp, a Japanese company, commercialized calculators in 1964.
- commercialize 形 商品化する／ calculator 名 電卓

The roof of the Beijing Olympic stadium, commonly called the Bird Nest, was made in Japan.
- Beijing Olympics 北京五輪

Japanese passenger planes were produced for the first time in 50 years.
- passenger plane 旅客機

Japan has a high level of anti-counterfeiting technology for its currency.
- anti-counterfeiting 偽造防止／ currency 名 貨幣

Japan contributes to overseas printing of paper currency.
- paper currency 紙幣

第5章 産業について語ろう！

TOPIC 8 — 環境関連技術
Environment Technology

長い単語・熟語が多めですが、このジャンルを語るに欠かせないものなので、覚えてしまいましょう。

★ 1	経済発展が原因で、世界中で環境問題が生じています。	▶ Due to economic ~.
★★ 2	日本の環境関連技術が世界から注目されています。	▶ Japanese ~.
★ 3	たとえば、太陽光発電などです。	▶ Solar photovoltaics ~.
★ 4	パプアニューギニアは水質汚濁に悩まされていました。	▶ Papua New Guinea ~.
★★ 5	2009年、日本はその国に給水施設の整備を提供しました。	▶ In 2009, ~.
★ 6	ケニヤは大規模な干ばつに見舞われました。	▶ Kenya was ~.
★★ 7	2010年、日本の地熱発電技術はケニヤの電力供給に貢献しました。	▶ In 2010, ~.
★★ 8	今や自然と共存していく大切さが見直されています。	▶ We are now ~.

> **Check!**
> 日本は古来、自然との共存を大切にしてきました。今やその考えが見直され、世界で起きている環境問題（environmental problem）に日本の優れた技術が貢献しています。太陽光発電は solar photovoltaics、風力発電は wind-power generation と表現します。

Due to economic development, environmental problems have arisen worldwide.
- environmental problem 環境問題／ arise 動 生じる

Japanese environmental technologies are now receiving attention worldwide.
- environmental technology 環境関連技術

Solar photovoltaics are just one example.
- solar photovoltaics 太陽光発電

Papua New Guinea was troubled by water pollution.
- be troubled by ～に悩まされている／ water pollution 水質汚染

In 2009, Japan supplied the maintenance of water facilities to the country.
- supply 動 提供する／ water facility 給水施設

Kenya was hit by a major drought.
- be hit by ～に襲われる／ drought 名 干ばつ

In 2010, Japanese geothermal power generation contributed to the supply of electricity in Kenya.
- geothermal power generation 地熱発電

We are now realizing the importance of coexisting with nature again.
- realize 動 気づく／ coexist with ～と共存する

TOPIC 9

バブル経済
Bubble Economy

今でも何かと話題になる「バブル時代」を象徴する出来事や現象について、英語で言ってみましょう。

★ □1	1986年から1991年に、日本で「バブル時代」が起こりました。	▶ The period ~.
★ □2	株や不動産などの資産が高騰しました。	▶ The value of ~.
★ □3	人々は「土地は値上がり続ける」と信じました。	▶ People believed ~.
★★ □4	そのため、土地への非現実的な投機を行いました。	▶ They therefore ~.
★★ □5	NTT株の新規上場が株価の急騰を引き起こしました。	▶ A new listing ~.
★★ □6	企業や個人が資金運用にのめりこみました。	▶ Both companies ~.
★★ □7	1980年代、ファッションは、ブランドものがとても人気でした。	▶ As for ~.
★ □8	人々は高級な品々が大好きだったからです。	▶ This was because ~.

> **Check!**
>
> バブル経済について、The origin of the word bubble came from the situation where assets value soared and then dropped suddenly without mind to the actual circumstances of the economy.（バブルという言葉は、資産価格が高騰したあと急落した様子から来ています）などと言うとわかりやすいです。

CD 2　09

The period from 1986 to 1991 is considered the "bubble" era.
① the bubble era　バブル時代

The value of capital such as stocks and real estate soared.
① capital　名 資産／stock　名 株／real estate　不動産／soar　動 高騰する

People believed that the price of land would continue to rise.

They therefore made unrealistic speculations in land.
① unrealistic　形 非現実的な／speculation　名 投機

A new listing of NTT stocks caused a sudden rise in the price of stocks.
① listing　名 (株式)上場／sudden rise　急騰

Both companies and individuals were absorbed in money management.
① be absorbed in　～に没頭して／money management　資金運用

As for fashion, brand-name items were very popular in the 1980s.
① brand-name item　ブランドもの

This was because people had a weakness for luxury items.
① weakness　名 大好物／luxury　形 高級な

TOPIC 10

世界1位の日本
Top of the World

今回紹介するもの以外にも、日本の「世界一」はいろいろあるので、ぜひ探して言ってみましょう。

★ □1	日本の女性は世界一長寿です。	▶	Japanese women ~.
★ □2	東京スカイツリーは高さ634mです。	▶	Tokyo Sky Tree ~.
★★ □3	2011年、それは世界一高いタワーとしてギネス認定されました。	▶	It was registered ~.
★ □4	世界一の長寿アニメは『サザエさん』です。	▶	The longest-lasting ~.
★★ □5	世界保健機構（WHO）は、日本の医療が世界一位の水準だと認めています。	▶	WHO recognizes ~.
★★ □6	日本は世界一時間厳守の国だという評価を得ています。	▶	Japan has ~.
★ □7	たとえば、電車は時刻表通りに発着します。	▶	For example, ~.
★★ □8	予定より数分でも遅れると、遅延を詫びるアナウンスが流れます。	▶	If a train is ~.

Check!

日本が世界No.1 (top of the world) である項目は、日本経済新聞社がまとめている「主要商品・サービスシェア調査」などが参考になります。また、英BBC放送が行う世論調査の「世界に良い影響を与えている国」やトリップアドバイザーが行う「行ってみて良かった都市」などにも日本が挙げられています。

Japanese women have the longest life expectancy in the world.

- life expectancy　平均寿命

Tokyo Sky Tree is 634 meters high.

It was registered with the Guinness World Records as the tallest tower in the world in 2011.

- register　登録する

The longest-lasting animated TV program in the world is *Sazae-san*.

- animated　形 アニメの

WHO recognizes Japan's medical care as the best level in the world.

- WHO = World Health Organization ／ medical care　医療

Japan has a reputation for being the most punctual country in the world.

- reputation　名 高い評価／punctual　形 時間厳守の

For example, trains come and go on schedule.

- on schedule　予定通りに

If a train is behind schedule even for a few minutes, an announcement is made to apologize for the delay.

- behind schedule　予定より遅れて／apologize　動 詫びる／delay　名 遅延

第5章 産業について語ろう！

おまけフレーズ

BONUS! しゃべりたりない人に、「**日本の産業**」に関するおまけフレーズ8本です。はりきってどうぞ!

□ 1	第二次世界大戦前までは繊維産業が日本の工業の中心でした。	▶ The textile ~.
□ 2	日本は1972年から1988年までの間、世界最大の漁獲量を誇っていました。	▶ Japan is ~.
□ 3	雪の多い新潟県は、米が主要な作物です。	▶ In snowy ~.
□ 4	雪解け水を利用して春から秋にかけて新鮮でおいしい米を育てます。	▶ They use ~.
□ 5	日当たりのよい山あいを利用して果物の生産が盛んです。	▶ Fruit growing ~.
□ 6	日本の化学工業の出荷額は世界3位です。	▶ Japan is ~.
□ 7	ディーゼルエンジンの有害排出物質の低減技術において、日本は世界でトップクラスです。	▶ Japan is ~.
□ 8	日本のサービス産業は近年グローバル化しています。	▶ The Japanese ~.

The textile industry was the main industry in Japan until the beginning of World War II.
① textile industry 繊維工業

Japan is proud to have had the world's largest yield of fish from 1972 to 1988.

In snowy *Niigata* prefecture, rice is a major crop.

They use snow water from the spring through the fall to water the plants for fresh and delicious grains of rice.
① water 動 (畑などに)水を引く／grain 名 穀物

Fruit growing is bountiful in the sunny mountain valleys.
① bountiful 形 豊富な

Japan is third in the world in volume of industrial chemical shipments.
① shipment 名 出荷

Japan is the world leader in creating technology to decrease hazardous diesel engine emissions.
① hazardous 形 有害な／emission 名 排出

The Japanese service industry has become globalized in recent years.
① globalize 動 国際化する

ちょっとブレイク！⑤
日本の交通に関する英語を覚えよう！

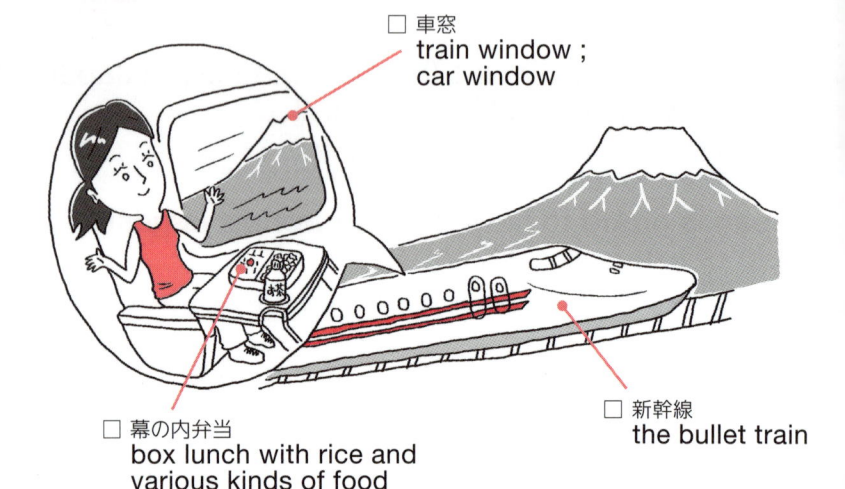

- □ 車窓 train window ; car window
- □ 新幹線 the bullet train
- □ 幕の内弁当 box lunch with rice and various kinds of food
- □ 駅弁 box lunch for a train trip sold at a station or on a train

□ 乗車券	ticket	□ 路面電車	streetcar ; trolly ; tram
□ 特急券	limited express ticket	□ 路線バス	route bus
□ グリーン車	"green" first-class car	□ 路線図	route map
□ 冷凍みかん	frozen Japanese orange	□ 高速バス	highway express bus
□ おにぎり	rice ball	□ 回数券 (一片)	commuter coupon ticket
□ 名物	specialty ; special product	□ 高速料金	expressway toll
□ ローカル線	local line	□ 県道	prefectural road
□ 各駅停車	local train	□ サービスエリア	rest area
□ 運休	suspension	□ トイレ休憩	nature stop ; pit stop
□ 時刻表	schedule ; timetable		

第6章

国民的基礎知識①
国土と環境

「社会」の授業で習ったこと、覚えていますか？ ここではそんな、日本という国土とそれを取り巻く環境について、基本的なことを英語で言えるようになる訓練をします。フレーズ内に出てくる統計やデータは変わっていきますが、数値や単語を入れ替えればOKです。

◆TOPIC いちらん ◆

地形／山・川・湖／気候／季節／環境／人口／天災／交通／豊かな自然／都市と農村／おまけフレーズ

TOPIC 1

地形
Topography

国土の大まかな特徴を言えるようになっておくと便利です。日本語で会話するときにも、知識として役立ちます。

★ 1	日本は、周囲を海で囲まれた島国です。	▶ Japan is an ~.
★★ 2	日本は4つの主な島と約7000の大小さまざまな島から成っています。	▶ Japan is made ~.
★ 3	それらすべてが日本列島と呼ばれています。	▶ They are ~.
★ 4	日本はカリフォルニアとほぼ同じ大きさです。	▶ Japan is ~.
★★ 5	日本列島の長さは南北約3500kmにわたります。	▶ The Japanese ~.
★ 6	国土の約14％が農地です。	▶ About 14 ~.
★ 7	居住用の土地は国土のわずか4％だけです。	▶ Only 4 ~.
★ 8	日本の季節の移ろいは美しいです。	▶ The change ~.

> **Check!**
>
> 島国は英語で island nation と言います。island country とも言いますが、最近は island nation のほうが一般的です。地形（topography）や列島（archipelago）など、普段あまり見慣れない単語が出てきますが、知っておくと日本を説明できることにつながるので、ぜひ覚えてみてくださいね。

CD 2　12

Japan is an island nation surrounded by sea on all sides.
① island nation　島国／on all sides　四方八方で

Japan is made up of four main islands and about 7,000 large or small islands.
① be made up of　〜で構成されている

They are collectively called the Japanese archipelago.
① archipelago　名 列島

Japan is about the size of California.
① about the size of　〜ぐらいの大きさの

The Japanese archipelago is about 3,500 kilometers long from north to south.
① 1mile は約 1.6km なので、3,500 kilometers はおよそ 2,200 miles

About 14 percent of the land is used for agriculture.

Only 4 percent of the land is for residential use.
① residential use　住居利用

The change of seasons in Japan is beautiful.
① change of seasons　季節の移ろい

第6章　国民的基礎知識①　国土と環境

TOPIC 2

山・川・湖
Mountains, Rivers, and Lakes

「○○湖」は Lake ○○、「○○山」は Mt. ○○ですが、「○○川」は○○ River で表します。

★
□ 1 | 富士山は日本で一番高い山です。 | ▶ Mt. Fuji is ~.

★
□ 2 | 日本には約20の山脈があります。 | ▶ There are about ~.

★★
□ 3 | 本州の中央部分に大きな山々が連なっています。 | ▶ There are many ~.

★
□ 4 | 日本には110の活火山があります。 | ▶ There are 110 ~.

★
□ 5 | 信濃川は日本で最も長い川です。 | ▶ The Shinano ~.

★
□ 6 | 日本で最大の湖は琵琶湖です。 | ▶ The largest ~.

★
□ 7 | 日本で最深の湖は田沢湖です。 | ▶ The deepest ~.

★
□ 8 | 田沢湖はその透明な水で有名です。 | ▶ Lake Tazawa ~.

> **Check !**
>
> 日本一高い山＝富士山や、日本一大きな湖＝琵琶湖、日本一長い川＝信濃川…など、最上級を使って表現してみましょう。例えば、「いちばん高い」と言う場合は、形容詞 high の後ろに –est を付けて highest とし、前に the を付ければ最上級の完成です。

CD 2　13

Mt. *Fuji* is the highest mountain in Japan.

There are about 20 mountain ranges in Japan.
mountain range　山脈

There are many peaks in the mountain ranges of central *Honshu*.
peak　名 山頂／range of　〜の範囲

There are 110 active volcanoes in Japan.
active volcano　活火山

The *Shinano* River is Japan's longest river.

The largest lake in Japan is Lake *Biwa*.

The deepest lake in Japan is Lake *Tazawa*.

Lake *Tazawa* is famous for its clear water.
be famous for　〜で有名である

TOPIC 3 気候 Climate

気候は、それこそ毎日でも話題にのぼります。「雨季⇔乾季」のように、対義語でまとめて覚えるのもいいですね。

★★ □1	日本の大部分の地域は温暖な気候で、四季があります。	▶	Most of Japan ~.
★ □2	日本列島の真ん中を山脈が縦断しています。	▶	Mountain ranges ~.
★ □3	それらが東西の気候を2つに分断しています。	▶	They divide ~.
★ □4	太平洋側は、冬には雪が少ないです。	▶	The Pacific side ~.
★ □5	夏は蒸し暑いです。	▶	The summers ~.
★ □6	日本海側では、冬に大雪になります。	▶	The Japan Sea ~.
★★ □7	日本海側では伝統工芸のような製造業が発達しました。	▶	The Japan Sea coast ~.
★★ □8	北海道以外の日本には6月に梅雨があります。	▶	With the ~.

> **Check !**
>
> 日本の気候は、南北に長い列島の形状やその中央を縦断する山脈によって、地域差が大きいです。気温と降水量による<u>気候区分</u>（climatic division）では、<u>熱帯</u>（tropics）から<u>亜寒帯</u>（subarctic zone）までを含みます。<u>日本海側</u>は the Japan Sea side で、<u>太平洋側</u>は the Pacific Ocean side と言います。

Most of Japan has a temperate climate with four distinct seasons.
- temperate 形 温暖な／four distinct seasons 四季

Mountain ranges run through Japan.
- run through 走り抜ける

They divide the east and west climates into two parts.
- divide 動 〜を分ける

The Pacific side gets very little snow in the winter.
- the Pacific side 太平洋側

The summers are mostly hot and humid.
- hot and humid 高温多湿の

The Japan Sea side gets a lot of snow in the winter.
- the Japan Sea side 日本海側

The Japan Sea coast has developed manufacturing, such as traditional crafts.
- manufacturing 名 製造（業）／traditional craft 伝統工芸

With the exception of *Hokkaido*, Japan's rainy season is in June.
- with the exception of 〜を例外として

TOPIC 4 　季節
Seasons

季節の移ろいも日本の魅力の1つです。
「蒸し暑い夏」や「日の短い冬」など
簡単な英語で言ってみましょう。

★ □1	桜の花は、春の訪れを告げてくれます。	▶	The cherry ~.
★ □2	春の陽気はハイキングにいちばん適しています。	▶	Spring weather ~.
★ □3	夏は海水浴場がにぎわいます。	▶	The beaches ~.
★ □4	日本の夏は気温がとても高くムシムシしています。	▶	Summer in ~.
★ □5	秋のはじめはまだ暑いです。	▶	At the ~.
★★ □6	ですが、だんだん湿度が下がり、より過ごしやすくなります。	▶	However, ~.
★ □7	冬は日が短く寒くなります。	▶	In the ~.
★★ □8	冬には地域によって雪が多く降るところと降らないところがあります。	▶	There are ~.

> **Check!**
> 春夏秋冬、一年を通して四季をはっきり感じることができるのも日本の特徴の1つですね。たとえば青森県では季節と地域性を活かした「雪国地吹雪（drifting snow）体験プログラム」という、なかなかエクストリームな体験ツアーが人気を博しているようです。

The cherry blossoms signal the arrival of spring.
① arrival of spring　春の訪れ

Spring weather is the best for hiking.
① best for　～に最適である

The beaches are crowded in the summer.
① crowded　混み合った

Summer in Japan is extremely hot and humid.
① extremely hot　猛烈に暑い

At the beginning of the fall, it's still hot.
① at the beginning of　～のはじめに

However, later on, the humidity drops and it becomes more comfortable.
① later on　あとで／humidity　名 湿度

In the winter, the days are short and it's cold.

There are some areas where the snowfall is heavy and other areas where it's light.
① snowfall　名 降雪（量）／heavy ⇔ light　（雨や雪の程度が）激しい⇔軽い

TOPIC 5 — 環境 Environment

エコバッグやスローライフなど、カタカナ語が多いこのジャンルについて、日本紹介してみましょう!

★ 1	ゴミのうち約2割がリサイクルされます。	▶ About 20 ~.
★ 2	環境にやさしい商品には、「エコマーク」が付けられます。	▶ Environmentally- ~.
★ 3	こたつは、世界一エコな暖房です。	▶ The kotatsu ~.
★★ 4	大気汚染が原因の病気が、1960年代から問題になっています。	▶ Disease ~.
★★ 5	汚染物排気量の少ないハイブリッド車がますます普及しています。	▶ Hybrid cars ~.
★★ 6	再利用可能な自分の買い物袋を使う日本人が増えています。	▶ The number of ~.
★ 7	「キャンドルナイト」は2003年に始まりました。	▶ Candle Night ~.
★★ 8	「キャンドルナイト」は節電や休養することを勧めています。	▶ Candle Night ~.

> **Check!**
>
> 日本の伝統や知恵に意識を向けると新しい発見があります。例えば昔から使われてきた「こたつ」が実はいちばんエコだったりすることです。こたつを英語で表現するならば、A kotatsu is a low, wooden frame covered by a heavy blanket with a table on top and a heater underneath. です。

CD 2　16

About 20 percent of waste is recycled.
waste 名 ゴミ／recycle 動 再利用する

Environment-friendly products are given the Eco Mark.
environment-friendly 形 環境にやさしい

The *kotatsu* is the most energy efficient heater in the world.
energy efficient エネルギー効率のいい

Disease caused by air pollution has been a problem since the 1960s.
disease 名 病気／air pollution 大気汚染

Hybrid cars with less harmful emissions are becoming increasingly popular.
harmful emissions 汚染物排気量／increasingly 副 ますます

The number of Japanese using their own reusable grocery bags has been increasing.
reusable 形 再利用できる／grocery bag 買い物袋

Candle Night started in 2003.

Candle Night encourages people to save electricity and recharge themselves.
save electricity 節電する／recharge oneself 元気回復する

TOPIC 6 人口
Population

人口や出生率などは、普段のニュースなどでも話題にのぼることが多いテーマですね。

★
□ 1　日本の人口は約1億2千万人です。
▶ The population ~.

★
□ 2　日本の人口は1950年代以降、増え続けました。
▶ The population ~.

★
□ 3　日本の人口は1967年に初めて1億人台に達しました。
▶ The population ~.

★★
□ 4　2004年をピークに日本の人口は減り始めています。
▶ In 2004, ~.

★
□ 5　日本では、『社会全体で子育てする』という取り組みがなされています。
▶ Japan is ~.

★
□ 6　アメリカ合衆国の大きさは日本の25倍です。
▶ The United ~.

★
□ 7　アメリカの人口は日本の2倍にもなりません。
▶ The population ~.

★★
□ 8　東京などがいかに人口過密の大都市であるかが想像できます。
▶ You can ~.

> **Check!**
> 日本の女性の仕事と育児の両立や、男性の育児参加の事情は、西洋人からすると興味深いところでしょう。例文5の、It takes a village to raise a child. という表現は、文字通り「村」のことを言っているのではなく、「地域社会全体で子育てする」という意味の定番表現です。

CD 2　17

The population of Japan is about 120 million.
- population 名 人口

The population of Japan had increased since the 1950s.
- increase 動 増える ⇔ decrease

The population of Japan reached the one hundred million level in 1967.
- 〈(数字) + 台〉は、数字 + level で表します

In 2004, Japan's population peaked and began to decrease.
- peak 動 ピークに達する／decrease 動 減る

Japan is working to implement the philosophy, "It takes a village to raise a child."
- implement 動 実行する／philosophy 名 哲学

The United States is 25 times larger than Japan.
- … times ～er than A　Aよりも…倍～である

The population of the United States is less than double that of Japan.

You can imagine how crowded big cities such as Tokyo are.

第6章　国民的基礎知識①　国土と環境

TOPIC 7 — 天災
Natural Disaster

「天災」→「地震」と連想する人は多いでしょうが、一度も経験したことのない外国人も大勢います。

★ □1	日本は天災に見舞われることが少なくありません。	▶ We frequently ~.
★ □2	それは日本の気候や地形が原因です。	▶ This is due ~.
★ □3	日本列島は環太平洋地震帯の上に位置しています。	▶ The Japanese ~.
★ □4	そのため、日本は地震が多いです。	▶ That's why ~.
★★ □5	台風はたいてい、8月から10月にかけて日本の南西地域を襲います。	▶ Typhoons ~.
★★ □6	日本は他国と比べ、比較的降雨量が多いです。	▶ Japan has ~.
★ □7	自然災害は避けられません。	▶ Natural disasters ~.
★★ □8	ですが、我々日本人にはそこから立ち直る強い気力があります。	▶ The inner strength ~.

Check!

日本はその地形（geological formation）や気候（climate）の影響で、地震（earthquake）や洪水（flood）、土砂崩れ（landslide）などの自然災害が多いです。火山活動（volcanic activity）に関する報告も多いです。災害からの復興には団結（solidarity）が必須です。

We frequently have natural disasters in Japan.
① natural disaster　天災／Japan is often hit by natural disasters. でもOK

This is due to the Japanese climate and topography.
① climate　名 気候／topography　名 地形

The Japanese archipelago lies on the circum-Pacific earthquake zone.
① circum-Pacific　形 環太平洋の／earthquake zone　地震帯

That's why Japan experiences frequent earthquakes.
① frequent　形 頻繁な

Typhoons usually hit southwestern Japan from August to October.
① typhoon　名 台風／from〈○月〉to〈×月〉　○月から×月にかけて

Japan has a relatively high average rainfall compared to other countries.
① relatively　副 比較的に／average rainfall　平均雨量

Natural disasters can't be avoided.
① avoid　動 避ける

The inner strength of the Japanese have enabled us to recover from disasters.
① inner strength　精神力

第6章　国民的基礎知識① 国土と環境

TOPIC 8 交通
Traffic

日本の公共交通機関の正確さ（と混雑ぶり）は、外国人から驚かれることが多いです。

★ 1	新幹線は1964年に導入されました。	▶ The Shinkansen ~.
★ 2	新幹線は、世界初の高速鉄道です。	▶ The Shinkansen ~.
★★ 3	新幹線を使えば、日本のほとんどの主要な都市に行くことができます。	▶ You can ~.
★★ 4	日本の空港は狭い国土に数多く配置されていて、旅の利便性が高いです。	▶ Japan is ~.
★ 5	関西国際空港は、世界初の本格的な海上空港です。	▶ Kansai International ~.
★ 6	ラッシュアワーのピーク時には、女性専用車両が設けられています。	▶ During peak ~.
★ 7	横断歩道では、音楽が人々を安全に導く助けをします。	▶ At crosswalks, ~.
★★ 8	そのため、視覚障害者や子供らは青信号で安全に通りを渡れます。	▶ This helps ~.

> **Check!**
>
> 新幹線は、そのまま Shinkansen で通じます。他にも、弾丸のように走る列車という意味合いから bullet train という言い方もあります。駐車場は、アメリカで一般的には parking lot と言い、屋外駐車場を指します。対して、parking garage は、主に室内で多階層式の駐車場を指します。

The *Shinkansen* was introduced in 1964.
- introduce 動 発売する

The *Shinkansen* is the world's first high-speed train.
- high-speed train 高速鉄道

You can reach most major cities in Japan by *Shinkansen*.
- major city 主要都市

Japan is a small country with a lot of airports, making travel convenient.
- airport 名 空港

Kansai International Airport is the first real marine airport in the world.
- marine airport 海上空港

During peak rush hours women-only train cars are provided.
- peak rush hour ラッシュアワーのピーク／train car 車両

At crosswalks, music helps people know when it's safe to cross.
- crosswalk 名 横断歩道

This helps the visually impaired people and children to safely cross the street when the light is green.
- visually impaired 視覚障害がある

TOPIC 9

豊かな自然
Rich Nature

日本の美しい自然を楽しみに来日する外国人旅行客も多いです。

★ □ 1 | 日本は自然の美しさに恵まれています。 | ▶ Japan is ~.

★ □ 2 | 渡り鳥は冬、日本にやってきます。 | ▶ Migratory ~.

★ □ 3 | 春には美しい新緑や様々な花を楽しめます。 | ▶ You can ~.

★ □ 4 | 秋には山々の紅葉を存分に味わうことができます。 | ▶ You can thoroughly ~.

★ □ 5 | 人々は四季を通じて富士山を眺めます。 | ▶ People enjoy ~.

★ □ 6 | それによって、美しい自然を実感できるのです。 | ▶ This helps ~.

★ □ 7 | 冬、雪におおわれた富士山が湖に映る姿は美しいです。 | ▶ When Mt. Fuji ~.

★ □ 8 | 長い間、日本人は自然との調和の中で生きてきました。 | ▶ The Japanese ~.

Check!

日本は美しい自然に恵まれた国です。日本人は自然を愛し、自然との調和を大切にする国民です。「〜と調和して」は、in harmony with 〜を使って表現できます。首都圏においても、小石川後楽園や六義園、新宿御苑などの日本庭園で、日本人の自然に対する思いを感じてもらえるでしょう。

CD 2 20

Japan is rich with beautiful nature.
- be rich with 〜に恵まれている

Migratory birds come to Japan in the winter.
- migratory bird 渡り鳥

You can enjoy beautiful green leaves and a variety of flowers in the spring.

You can thoroughly enjoy the beauty of red leaves in the mountains in the fall.
- thoroughly 副 とことん

People enjoy looking at Mt. *Fuji* in each of the four seasons.

This helps them to notice the beautiful nature.

When Mt. *Fuji* is covered in snow, its reflection in the lake is beautiful.
- covered in 〜でおおわれている／reflection 名 反射

The Japanese have long lived in harmony with nature.
- in harmony with 〜と調和して

TOPIC 10 都市と農村
City and Farm

どの国にも都市部と地方がありますので、どこの国の人とも、とくに出会って間もないときなど、話題に上りやすいテーマです。

★ 1	東京は日本の首都です。	▶ Tokyo is ~.
★ 2	東京は世界最大の都市の1つです。	▶ Tokyo is ~.
★ 3	農村の若年層は大都市へと移動しています。	▶ Young people ~.
★ 4	首都圏では、どんな商品でも手に入れることができます。	▶ You have access ~.
★★ 5	日本の国内総生産の6分の1が首都圏で生産されています。	▶ One sixth ~.
★ 6	食と健康の関係が見直されてきています。	▶ The relationship ~.
★ 7	農業に新しい魅力を感じる人もあらわれてきています。	▶ We are ~.
★★ 8	都会のヒートアイランド現象対策として、屋上緑化が効果をあげています。	▶ Rooftop gardening ~.

> **Check!**
>
> 首都圏では、欲しいものはすぐに手に入ります。「手に入れる」は、have access to ~ で、「~を利用できる」「~に近づきやすい」という内容を表現できます(コンピュータにアクセスするときのaccessと同じニュアンスです)。一方で、農業に新たな魅力を持つ人々も増えてきています。

Tokyo is the capital of Japan.
- capital 名 首都

Tokyo is one of the largest cities in the world.

Young people in the agricultural areas have been moving to large cities.
- agricultural area 農村

You have access to all sorts of products in the metropolitan areas.
- have access to ~を利用できる / metropolitan area 首都圏

One sixth of Japan's GDP is generated in the metropolitan areas.
- GDP = gross domestic products

The relationship between food and health is being re-examined.
- re-examine 動 再検査する

We are seeing more people with renewed interest in agriculture.

Rooftop gardening can reduce the urban heat-island effects.
- rooftop gardening 屋上緑化

おまけフレーズ

BONUS! しゃべりたりない人に、「**国土と環境**」に関する
おまけフレーズ8本です。はりきってどうぞ!

☐ 1	国土の70％近くが山地や森林です。	▶ Nearly 70 ~.
☐ 2	その地形の影響から、日本の川は外国の川に比べて短く、流れが急です。	▶ Due to ~.
☐ 3	日本列島は南北に長いです。	▶ The Japanese ~.
☐ 4	だから、北と南でははっきりとした差があります。	▶ This means ~.
☐ 5	冬に、北は氷点下になります。	▶ In the ~.
☐ 6	一方、南は15度で、まるで春のような気温です。	▶ Meanwhile, ~.
☐ 7	女性の就業率が上昇しました。	▶ The number ~.
☐ 8	しかしながら、仕事と子育てを両立できる環境整備が遅れています。	▶ However, ~.

Nearly 70 percent of the land is mountains and forests.
- mountains 名 山地

Due to its topography, Japanese rivers are notably shorter and faster flowing than those in other countries.
- topography 名 地形／notably 副 著しく／flowing 名 流れ

The Japanese archipelago is long from north to south.
- archipelago 名 列島

This means that there is a distinct difference between the north and south.
- distinct difference 明白な差

In the winter in the north, the temperature falls below zero degrees Celsius.
- fall below 下回る／degrees Celsius セ氏温度

Meanwhile, the temperature in the south stays around a spring-like 15 degrees.
- meanwhile 副 一方

The number of working women has risen.

However, the establishment of an environment where women can balance work and child-raising has not yet happened.
- environment 名 環境／child-raising 子育て

ちょっとブレイク！⑥
温泉・銭湯の英語を覚えよう！

□ 温泉　hot spring

□ 露天風呂　open-air bath

□ 洗面器　basin

□ 温泉宿	inn at a hot spring resort	□ 岩盤浴	bedrock bath
□ 湯治	hot-spring cure	□ サウナ	sauna (bath)
□ 湯治場	spa	□ 銭湯	public bath ; bathhouse
□ 効能	effect	□ のれん	short split curtain
□ 泉質	chemical makeup of a hot spring	□ 下駄箱	shoe cupboard ; shoe locker
□ 岩風呂	natural-stone bathtub	□ 番台	watch stand
□ 風呂桶	bathtub	□ 脱衣所	changing room
□ 風呂釜	bath heater	□ 蒸し風呂	steam bath
□ 手ぬぐい	thin Japanese-style towel	□ 一番風呂	
□ 足湯	hot footbath	□ 洗髪	hair-washing ; shampooing

第7章

国民的基礎知識②
歴史

「日本史」の授業で習ったことを英語で言ってみましょう。ジャンルの性質上、日本語（固有名詞）がそのままローマ字表現になることが多いので、一見英文が長く見えるかもしれませんが、構文自体は簡単なものばかりですので、構えずにチャレンジしてみてください。

◆TOPIC いちらん ◆

日本の由来／日本人の起源／天皇／縄文・弥生・大和時代／奈良・平安時代／鎌倉時代／南北朝・室町時代／安土桃山時代／江戸時代／明治・大正・昭和・平成時代／おまけフレーズ

TOPIC 1 日本の由来
Origins of Japan

まずは「日本」という国の名前や国旗・国歌などについて、かんたんに英語で説明してみましょう。

★ □1	日本は世界最古の国であると多くの歴史家が述べています。	▶ Many historians say ~.
★ □2	国名は日本語では「にほん」あるいは「にっぽん」と呼ばれています。	▶ In Japanese, ~.
★★ □3	7世紀、聖徳太子は隋の皇帝に公文書を送りました	▶ Prince Shotoku ~.
★ □4	その文書の中で、彼は日本を「日出ずる国」と呼びました。	▶ In the letter, ~.
★ □5	日本の国旗は「日の丸」と呼ばれます。	▶ The Japanese ~.
★ □6	「日の丸」は昇る太陽を示しています。	▶ Hinomaru represents ~.
★ □7	日本の国歌は『君が代』です。	▶ The national anthem ~.
★★ □8	『君が代』は天皇の治世が永遠に続くことを願う歌です。	▶ This song ~.

> **Check!**
>
> 日本の国名の由来は、国旗日の丸（Rising Sun flag）が白地に赤い丸で示されているように、日が昇る国（land of the rising sun）から来ているとされています。オリンピックなどで日本の国旗が掲げられると、まさに太陽が昇っていくように見えますね。

CD 2　23

Many historians say that Japan is the oldest country in the world.
① historian　名 歴史家

In Japanese, we call Japan *Nihon* or *Nippon*.

Prince *Shotoku* sent an official letter to the emperor of the Sui Dynasty in the 7th century.
① official letter　公文書／Sui Dynasty　隋王朝

In the letter, he called Japan the "land of the rising sun."
① rising sun　朝日

The Japanese national flag is called *Hinomaru*.
① national flag　国旗

Hinomaru represents the rising sun.
① represent　動 ～を表す

The national anthem of Japan is *Kimiga-yo*.
① national anthem　国歌

This song expresses a desire for the Emperor to reign forever.
① reign　動 君臨する

TOPIC 2 日本人の起源
Origins of Japanese

「さかのぼる」や「〜時代」など、歴史トピックに頻出の決まり文句を覚えてしまいましょう。

★★ □1 | 日本人の起源は、60万年以上前までさかのぼります。 | ▶ The origins of ~ .

★★★ □2 | その起源は100万年前のジャワ原人と80万年前の北京原人から続いています。 | ▶ The origins ~ .

★★ □3 | 日本人はアジア蒙古人種に属するといわれています。 | ▶ It's said ~ .

★★ □4 | 旧石器時代の人骨が沖縄で発見されました。 | ▶ Human bones ~ .

★★ □5 | 中国、朝鮮、東南アジアから多くの人々が日本に移住してきました。 | ▶ A large ~ .

★★ □6 | 様々なルーツをもった人々が日本に移住・共存し、現在の日本人になったのです。 | ▶ People from ~ .

★ □7 | 旧石器時代、日本列島はユーラシア大陸にくっついていたといわれています。 | ▶ It's said ~ .

★ □8 | しかしこれについては諸説があります。 | ▶ However, ~ .

Check!

日本人の起源については、諸説（various theories）があって、明らかでない点が多いのですが、長い歴史を持つ国の1つである日本は、海外でも興味を持たれています。日本の歴史について英語で説明できるようにしておくといいですね。
<u>起源</u>は origin、<u>仮説</u>は hypothesis と言います。

The origins of the Japanese go back to more than 600,000 years ago.
- origin 名 起源／go back to 〜へ戻る

The origins continue from Java Man a million years ago and Peking Man 800,000 years ago.
- continue from 〜から続く

It's said that the Japanese population basically belongs to the northern Mongoloid group.
- belong to 〜に属する／northern Mongoloid group アジア蒙古人種

Human bones from the Paleolithic Period were discovered in *Okinawa*.
- human bone 人骨／Paleolithic Period 旧石器時代

A large number of people migrated to Japan from China, Korea and Southeast Asia.
- migrate 動 移住する／Southeast Asia 東南アジア

People from various roots migrated to Japan, living together, to now be today's Japanese people.

It's said that the Japanese archipelago was attached to the Eurasia continent in the Paleolithic period.
- Eurasia continent ユーラシア大陸

However, there are various hypotheses about this.
- hypotheses 名 hypothesis（仮説）の複数形

第7章 国民的基礎知識② 歴史

TOPIC 3 — 天皇 The Emperor

日本をきちんと紹介しようと思ったら、このトピックを除外することはできません。

★ □1 　天皇は日本および日本人の象徴です。　▶ The Emperor ~ .

★ □2 　皇室は2000年以上続いています。　▶ The Imperial Family ~ .

★ □3 　『古事記』に、天皇は神の子孫であると書かれています。　▶ It's written ~ .

★★ □4 　天皇は国民一人一人の幸せを絶え間なく祈ります。　▶ The Emperor continuously ~ .

★ □5 　日本人は天皇を非常に尊敬しています。　▶ The Japanese ~ .

★★ □6 　天皇は一切参政せずに国事行為を行います。　▶ The Emperor handles ~ .

★ □7 　皇室はスポーツに対する関心が高いです。　▶ The Imperial ~ .

★★ □8 　天皇と国民の絆は国難を乗り越えて強まってきました。　▶ The bond between ~ .

> **Check!**
>
> 日本の皇室は、世界の中でも特に長い歴史を持っています。天皇は、日本にひとりしかいないので、表記する際 emperor は大文字で始めて the Emperor とします。同様に皇室もひとつなので、the Imperial Family と、大文字で始めて表記します。

CD 2 25

The Emperor is the symbol of Japan and Japanese people.
① Emperor 名 天皇／symbol 名 象徴

The Imperial Family has reigned for more than 2,000 years.
① Imperial Family 皇室／reign 動 君臨する

It's written in the *Kojiki* that the Emperor is a descendant of God.
① descendant 名 子孫

The Emperor continuously prays for the happiness of each individual Japanese person.
① continuously 副 絶え間なく

The Japanese have a high respect for the Emperor.
① respect 動 尊敬する

The Emperor handles affairs of the state without taking any part in government.
① affairs of the state 国事行為／take part in government 参政する

The Imperial Family is very interested in sports.

The bond between the Emperor and the Japanese people has become stronger through national crises.
① bond 名 結束；絆／national crises national crisis (国難) の複数形

TOPIC 4 縄文・弥生・大和時代
The Jomon, the Yayoi and the Yamato Period

歴史の授業で最初に習う三時代について英語で言ってみましょう。「○○時代」は the ○○ Period で表します。

★ 1	縄文時代は紀元前8000年ごろ始まりました。	▶ The Jomon ~ .
★★ 2	縄文時代、人々は狩り・漁・採集によって生活していました。	▶ During the ~ .
★ 3	弥生時代に稲作が始まりました。	▶ During the ~ .
★ 4	紀元200年ごろ、卑弥呼が邪馬台国の女王になりました。	▶ Himiko became ~ .
★ 5	彼女は日本最初の女性為政者でした。	▶ She was ~ .
★ 6	紀元350年ごろ大和朝廷が設立されました。	▶ The Yamato ~ .
★ 7	593年、聖徳太子が摂政に任命されました。	▶ In 593, ~ .
★ 8	そして彼は天皇中心に政治を行いました。	▶ And then he ~ .

> **Check!**
>
> 日本人の祖先が、狩・漁・採集中心の生活をしていた縄文時代から、稲作中心の生活となった弥生時代、そして大和時代への流れを英語で表現しながら見ていきましょう。日本史の授業で真っ先に習う時代なので、覚えていることも多いでしょう。<u>紀元前</u>のBCは、before (the birth of) Christ の略です。

CD 2　26

The *Jomon* Period started around 8000 BC.
- period 名 時代／弥生時代はB.C. 300年ごろです。

During the *Jomon* Period, people survived by hunting, fishing and gathering.
- survive 動 生き延びる／gathering 名 採集

During the *Yayoi* Period, rice cultivation began.
- rice cultivation 稲作

Himiko became the queen of *Yamataikoku* around 200 AD.

She was the first woman ruler in Japan.
- ruler 名 為政者

The *Yamato* Court was established around 350 AD.
- establish 動 設立する

In 593, Prince *Shotoku* was appointed as regent.
- appointed as 〜に任命される／regent 名 摂政

And then he started an emperor-centered administration.
- emperor-centered 天皇中心の／administration 名 統治

第7章　国民的基礎知識②　歴史

TOPIC 5

奈良・平安時代
The Nara and the Heian Period

年号を覚える超有名な語呂合わせもなつかしいこの時代、さまざまな文化が花開きました。

★★ □1	8世紀に、奈良が平城京と呼ばれる都になりました。	▶	In the eighth ~ .
★ □2	富本銭は日本最古の硬貨です	▶	Fuhonsen is ~ .
★ □3	富本銭は7世紀後半に造られました。	▶	Fuhonsen was ~ .
★ □4	東大寺は世界最大の木造建築物として知られています。	▶	Todaiji Temple ~ .
★★ □5	東大寺に所蔵されている大仏は、752年に建てられました。	▶	The statue ~ .
★ □6	平安時代には、貴族が土地と人民を支配しました。	▶	During the ~ .
★★ □7	貴族による華やかな平安文化が形成されました。	▶	A gorgeous culture ~ .
★ □8	そのときにひらがなが考案されました。	▶	At that time, ~ .

Check!

奈良時代は、遣唐使（envoy to the Tang dynasty）が派遣された時代でもありますね（平安時代に廃止されました）。平安時代に栄えた貴族文化の中では女性執筆者（female writer）も活躍し、『枕草子』や『蜻蛉日記』や『更科日記』などの作品が世に送り出されました。

CD 2 | **27**

In the eighth century, *Nara*, referred to as *Heijokyo*, became the capital of Japan.

① refer to as ～　～と呼ぶ／※数字と場所を入れ替えて、平安時代も言ってみましょう

Fuhonsen is the oldest Japanese coin.

Fuhonsen was made in the late 7th century.

① in the late　～の後半

Todaiji Temple is known as the world's largest wooden structure.

① wooden structure　木造建築物

The statue of Buddha housed at *Todaiji* Temple was built in 752.

① statue of Buddha　仏像／house　動 しまう

During the *Heian* Period, the nobility controlled both the land and people.

① nobility　名 貴族／control　動 支配する／both A and B　AとB両方

A gorgeous culture known as *Heian* culture was created by the nobility.

① create　動 作り出す

At that time, *hiragana* was devised.

① devise　動 考案する

第7章　国民的基礎知識②　歴史

TOPIC 6 鎌倉時代
The Kamakura Period

「いい箱（1185）作ろう鎌倉幕府!」の語呂合わせもおなじみ、鎌倉時代のあれこれを英語で言ってみましょう。

★ 1. 12世紀には武士の権力が強くなりました。 ▶ The warriors ~ .

★ 2. 源頼朝が鎌倉に武家政権を設立しました。 ▶ Minamoto no ~ .

★ 3. 武家政権のことを「幕府」といいます。 ▶ The military government ~ .

★ 4. 鎌倉幕府は約140年続きました。 ▶ The Kamakura ~ .

★★ 5. 幕府のために尽くす武士には土地が与えられました。 ▶ A warrior who ~ .

★★ 6. 鎌倉時代の後期には、牛や馬を使った農業が発達しました。 ▶ Farming with ~ .

★ 7. 鎌倉時代には、新しい仏教が広まりました。 ▶ During ~ .

★ 8. それは誰にでもわかりやすいものでした。 ▶ It was ~ .

> **Check!**
> 鎌倉時代には幕府（shogunate）が中心となり、武家政権（military government）の世の中に突入します。鎌倉時代はまた、百人一首（one hundred poems by one hundred poets）が編纂された時代でもあります。『方丈記』という随筆（essay）で有名な鴨長明は、歌人（poet）であるとともに僧（monk）でした。

CD 2　28

The warriors became quite strong in the 12th century.
① warrior　名 武士

Minamoto no Yoritomo established a military government in Kamakura.
① military government　武家政権

The military government is referred to as bakufu or shogunate.
① refer to as ～　～と呼ぶ／shogunate　名 幕府

The Kamakura shogunate lasted for about 140 years.
① last for ～　～の間続く

A warrior who devoted his life to the shogunate was given a piece of land.
① devote ～ to ...　～を…のために使う

Farming with cows and horses developed in the late Kamakura Period.
① farming　名 農業／in the late ～ Period　～時代の後期

During the Kamakura Period, a new type of Buddhism was introduced.
① a new type of ～　新しいタイプの～／Buddhism　名 仏教

It was easily understood by everyone.

第7章　国民的基礎知識②　歴史

TOPIC 7 南北朝・室町時代

The Period of the Northern and Southern Courts and the Muromachi Period

足利氏が権勢をほしいままにした室町時代、あの豪華で有名なお寺が作られたのもこの時代なのですね。

★ 1	足利尊氏は将軍になり、京都に幕府を開きました。	▶ Ashikaga Takauji ~ .
★ 2	3代将軍足利義満は京都の室町で政治を行いました。	▶ Ashikaga Yoshimitsu, ~ .
★ 3	このことから室町幕府と呼ばれました。	▶ This is why ~ .
★ 4	1404年、足利義満は中国との貿易を始めました。	▶ Ashikaga Yoshimitsu ~ .
★ 5	足利義満は禅宗寺院である金閣寺を建造しました。	▶ Ashikaga Yoshimitsu ~ .
★ 6	金閣寺は今や京都でもっとも有名な名所の1つです。	▶ Kinkakuji ~ .
★ 7	室町時代には、公家と武家の文化が融合しました。	▶ During the ~ .
★ 8	この時代に、庶民文化も広まりました。	▶ The culture ~ .

> **Check!**
> 海外からの観光客に人気の高い金閣寺（the Golden Pavilion）は室町時代に第3代将軍足利義満によって建造されました。また、同様に有名な禅寺の銀閣寺（＝慈照寺）も、室町時代に建造されました。どちらも世界遺産に登録されています。

Ashikaga Takauji became the shogun and established the shogunate in *Kyoto*.

Ashikaga Yoshimitsu, the 3rd shogun, was in government in *Muromachi, Kyoto.*
- be in government 政治を行う

This is why the government was called the *Muromachi* shogunate.
- this is why これが〜の理由だ

Ashikaga Yoshimitsu started trade with China in 1404.
- trade 名 貿易

Ashikaga Yoshimitsu built *Kinkakuji*, a Zen temple.
- Zen temple 禅宗寺院／金閣寺 = the Golden Pavilion

Kinkakuji is now one of the most famous sights of *Kyoto*.
- sight 名 名所

During the *Muromachi* Period, the Court culture and the *Samurai* culture merged.
- Court culture 公家文化／Samurai culture 武家文化／merge 動 融合する

The culture of the common people also developed during this period.
- culture of the common people 庶民文化

TOPIC 8 安土桃山時代
The Azuchi-Momoyama Period

おなじみ織田信長と豊臣秀吉の時代。覚えておきたい特長的なネタを英語で仕入れておきましょう。

★ □1	鉄砲が1543年に日本に伝来しました。	▶ Guns were ~ .
★ □2	キリスト教は1549年にフランシスコ・ザビエルによって伝わりました。	▶ Christianity was ~ .
★ □3	織田信長は滋賀県近江の安土に安土城を築きました。	▶ Oda Nobunaga ~ .
★ □4	織田信長は関所を廃止して物資の流通を盛んにしました。	▶ Oda Nobunaga ~ .
★ □5	豊臣秀吉は検地・刀狩をしました。	▶ Toyotomi ~ .
★ □6	豊臣秀吉は1590年に天下統一を成し遂げました。	▶ Toyotomi ~ .
★ □7	安土桃山時代に、茶道や歌舞伎が始まりました。	▶ Tea ceremony ~ .
★ □8	茶道は千利休によって確立されました。	▶ Tea ceremony ~ .

> **Check!**
>
> 織田信長や豊臣秀吉が大暴れする戦国時代から安土桃山時代は、歴史物のドラマや映画でよく取り上げられます。戦国時代は<u>下克上の時代</u>（period in which the inferiors supersede their superiors）でもあります。<u>天下統一</u>は conquer（征服する）という単語を使って表現できます。

Guns were introduced into Japan in 1543.
- be introduced into ～に伝わる

Christianity was introduced by Francis Xavier in 1549.
- Christianity 名 キリスト教

Oda Nobunaga built the *Azuchi* castle at *Azuchi, Omi* in *Shiga* prefecture.
- castle 名 城

Oda Nobunaga abolished barriers and promoted the circulation of goods.
- abolish 動 廃止する／barrier 名 関所／circulation 名 流通

Toyotomi Hideyoshi surveyed lands and took swords away from farmers.
- survey lands 検地をする／take away 取り上げる／sword 名 刀

Toyotomi Hideyoshi conquered the entire country of Japan in 1590.
- conquer 征服する

Tea ceremony and *Kabuki* began in the *Azuchi-Momoyama* Period.
- tea ceremony 茶道

Tea ceremony was established by *Sen no Rikyu*.

TOPIC 9 江戸時代
The Edo Period

ここからは徳川の世、江戸時代。鎖国政策や士農工商の身分制度など、説明できるようになりましょう。

★ □1 | 1603年、徳川家康は江戸幕府を開きました。 | ▶ Tokugawa ~ .

★ □2 | 江戸幕府は約300年続きました。 | ▶ The Edo shogunate ~ .

★ □3 | 徳川幕府は1612年にキリスト教を禁止しました。 | ▶ The Tokugawa ~ .

★ □4 | そして日本は1639年に鎖国をしました。 | ▶ And then ~ .

★★ □5 | 人々は、士農工商という4つの身分制度の中で生活しました。 | ▶ People lived ~ .

★ □6 | 1853年、合衆国からペリー提督が来日しました。 | ▶ Commodore ~ .

★★ □7 | 1854年、幕府は鎖国政策をやめて開国しました。 | ▶ The shogunate ended ~ .

★★ □8 | 開国によって、日本文化が世界に徐々に浸透していきました。 | ▶ With the ~ .

> **Check!**
> 江戸時代は、なぜ約３００年もの長い期間続いたのでしょうか。鎖国していたから？ それとも…？ いろいろな答えが出てきそうですね。疑問に思ったことを少し掘り下げて考えたり調べたりすると、歴史がさらに面白くなりますね。

CD 2　31

Tokugawa Ieyasu founded the *Edo* shogunate in 1603.
- found　動 設立する

The *Edo* shogunate lasted for about 300 years.

The *Tokugawa* regime banned Christianity in 1612.
- regime　名 政府／ban　動 禁止する

And then Japan entered a Period of national isolation in 1639.
- national isolation　鎖国

People lived in a social system of four classes: warriors, farmers, artisans and tradesmen.
- social system　社会制度／artisan　名 職人／tradesman　名 商人

Commodore Perry arrived in Japan from the United States in 1853.
- Commodore Perry　ペリー提督

The shogunate ended the closed-door policy and opened the doors to foreign countries in 1854.
- closed-door policy　鎖国政策

With the opening of Japan to the world, Japanese culture gradually entered other countries.
- gradually　副 徐々に

TOPIC 10

明治・大正・昭和・平成時代

The Meiji, the Taisho, the Showa and the Heisei Periods

いよいよ近代に突入です。まずはこの8フレーズをきっかけに、激動の三時代を見ていきましょう。

★ 1	1872年に鉄道が開通しました。	▶ Trains were ~.
★ 2	日本初の内閣制度が1885年に発足しました。	▶ The first cabinet ~.
★ 3	そして、日本初の近代憲法が1889年に発布されました。	▶ And then ~.
★★ 4	伊藤博文は松下村塾を卒業し、イエール大学の名誉博士になりました。	▶ Hirobumi Ito ~.
★ 5	彼は初代かつ最年少の内閣総理大臣になりました。	▶ He became ~.
★ 6	大正時代、1923年に関東大震災が起きました。	▶ The Great Kanto ~.
★ 7	太平洋戦争は1941年に始まり1945年に終わりました。	▶ The Second ~.
★ 8	戦後の日本は平和と民主主義を守っています。	▶ Postwar Japan ~.

Check!

明治維新（the Meiji Restoration）も、ドラマや映画で多く取り上げられる歴史上の出来事です。ちなみに江戸が東京に改名されたのは1869年です。文明開化（civilization and enlightenment）や大正時代の民主主義運動（democracy movement）、関東大震災など、話題になりやすいトピックが多いです。

Trains **were introduced to** Japan in 1872.
- be introduced to　～に導入される

The first **cabinet system** of Japan was introduced in 1885.
- cabinet system　内閣制度

And then the first **modern constitution** was **promulgated** in 1889.
- modern constitution　近代憲法／promulgate 動 発布する

Hirobumi Ito graduated from *Shoukasonjuku* and received an **honorary doctorate** from Yale University.
- honorary doctorate　名誉博士

He became the first and youngest **prime minister** of Japan.
- prime minister　内閣総理大臣

The Great *Kanto* Earthquake **struck** in the *Taisho* Period in 1923.
- strike 動 (地震などが) 襲う

The Second World War began in 1941 and ended in 1945.
- the Second World War　太平洋戦争

Postwar Japan has kept peace and maintained **democracy**.
- postwar 形 戦後の／democracy 名 民主主義

おまけフレーズ

BONUS! しゃべりたりない人に、「**日本の歴史**」に関する
おまけフレーズ8本です。はりきってどうぞ!

□ 1	『古事記』と『日本書紀』と『万葉集』は、奈良時代に完成しました。	▶ Kojiki, ~.
□ 2	鎌倉時代には、御恩と奉公という主従関係がありました。	▶ There was ~.
□ 3	鎌倉幕府が滅亡した後、後醍醐天皇は京都で新しい政治を始めました。	▶ After the ~.
□ 4	北と南の朝廷は1392年に統一されました。	▶ The Northern ~.
□ 5	安土桃山時代から江戸時代にかけて独特の文化が育まれました。	▶ From the Azuchi- ~.
□ 6	その文化が、日本古来の伝統を作り上げました。	▶ The culture ~.
□ 7	1867年、徳川幕府が大政奉還しました。	▶ In 1867, ~.
□ 8	1868年に明治政府が発足しました。	▶ The Meiji ~.

Kojiki, *Nihon Shoki*, and *Manyoshu* were compiled during the *Nara* Period.
① compile 動 編集する

There was a master-and-servant relationship called *go-on* and *hoko* during the *Kamakura* Period.
① master-and-servant relationship 主従関係

After the collapse of the *Kamakura* shogunate, Emperor *Godaigo* set up a new government in *Kyoto*.
① collapse 名 崩壊／set up ～ ～を設立する／government 名 政府

The Northern court and the Southern court were united in 1392.
① court 名 宮廷／unite 動 合体させる

From the *Azuchi-Momoyama* Period through the *Edo* Period, unique culture was cultivated.
① cultivate 育てる／from A through B AからBにかけて

The culture built up old Japanese traditions.
① build up 築き上げる

In 1867, the *Tokugawa* shogunate turned over its power to the Emperor *Meiji*.
① turned over ～ to ... ～を…に明け渡す

The *Meiji* Government was formed in 1868.
① form 動 ～を形成する

ちょっとブレイク！⑦
神社の英語を覚えよう！

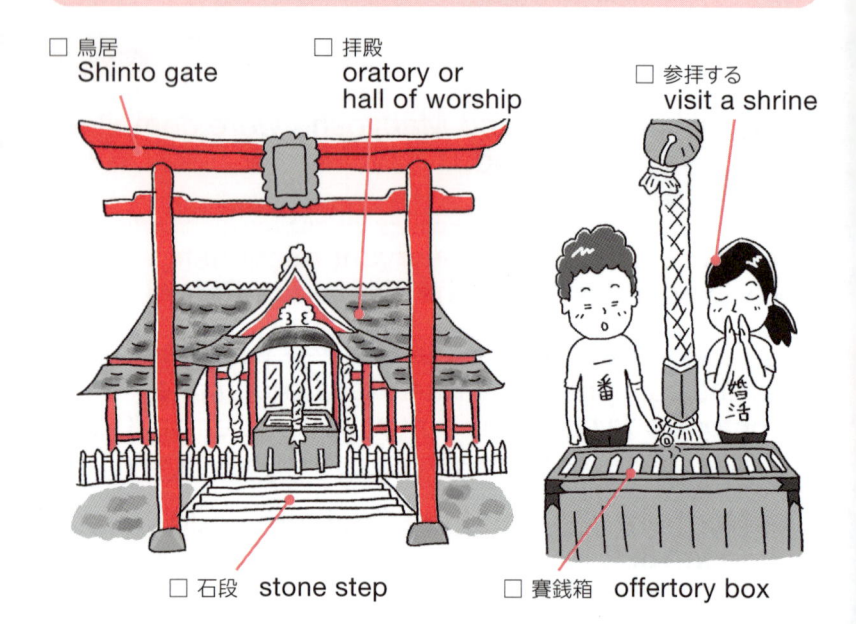

- ☐ 鳥居　Shinto gate
- ☐ 拝殿　oratory or hall of worship
- ☐ 参拝する　visit a shrine
- ☐ 石段　stone step
- ☐ 賽銭箱　offertory box

☐ 神社	(Shinto) shrine
☐ 参道	the approach to the shrine
☐ 手水舎	purification font to cleanse one's hands and mouth
☐ 氏神	ancestral deity
☐ 家内安全	safety of one's family
☐ 交通安全	traffic safety
☐ 安産	easy delivery
☐ (結婚に向けた)縁結び	marriage tie
☐ 初詣	visiting a shrine at the New Year
☐ お礼参り	visit of thanks to a shrine
☐ 注連縄	sacred rice-straw ropes
☐ お守り	amulet
☐ おみくじ	fortune-telling by drawing lots
☐ 祈祷	prayer
☐ 絵馬	wooden plaques bearing prayers or wishes
☐ 狛犬	guardians of the shrine
☐ 灯籠	decorative stone lanterns
☐ 祝詞	ritual Shinto prayer
☐ 神酒	sake offered to the gods
☐ 神主	Shinto priest

第8章

未来へ向けて…
新しい魅力

最後は、日本の「今」と「これから」の話を少し。伝統的な文化や芸術以外にも、外国の方々にアピールしたくなる「日本」はまだまだたくさんあります。今後継続的に新しい魅力を発信できるようになるためにも、まずはここでひととおり大特訓しておきましょう。

◆ TOPIC いちらん ◆

建造物／ポップカルチャー／現代芸術／『おもてなし』／『カワイイ』文化／東京オリンピック／世界で活躍する日本人／日本を愛する外国人／クール・ジャパン／日本ブーム／おまけフレーズ

TOPIC 1

建造物
Buildings

現在の日本にある有名な建造物いくつかについて少し、英語で言ってみましょう。

★
☐ 1 　東京駅は1914年に建てられました。　▶ Tokyo ~ .

★
☐ 2 　それは東京の玄関です。　▶ It's ~ .

★★
☐ 3 　2012年に駅舎の保存・復元が完成しました。　▶ The preservation ~ .

★
☐ 4 　東京スカイツリーは日本の新しい象徴の1つです。　▶ Tokyo ~ .

★
☐ 5 　日本一高いビルは『あべのハルカス』です。　▶ The tallest ~ .

★
☐ 6 　それは300mで、大阪市にあります。　▶ This ~ .

★
☐ 7 　『ハルカス』というのは古語です。　▶ Harukasu ~ .

★
☐ 8 　それは『人の心を晴ればれとさせる』という意味です。　▶ It means ~ .

> **Check!**
> 現代建築は contemporary architecture です。東京都庁舎（Tokyo Metropolitan Government Building）の第一本庁舎を設計した丹下健三や、国立新美術館（The National Art Center Tokyo）を設計した黒川紀章、表参道ヒルズ（Omotesando Hills）の安藤忠雄などの建築家が有名ですね。

Tokyo Station was built in 1914.

It's the gateway to *Tokyo*.
- gateway 名 玄関口

The preservation and restoration of the station building were completed in 2012.
- preservation 名 保存／restoration 名 復元

Tokyo Sky Tree is one of the new symbols of Japan.
- symbol 名 象徴

The tallest building in Japan is *Abeno Harukasu*.

This 300-meter building is located in *Osaka* city.

Harukasu is an old word.

It means "to make people feel cheerful."
- cheerful 形 陽気な

TOPIC 2

ポップカルチャー
Pop Culture

マンガやファッションなどといった日本のポップカルチャーに興味をもつ外国人はますます増えています。

★★ ☐ 1	日本のポップカルチャーは、世界で高く評価されています。	▶	Japanese pop ~ .
★ ☐ 2	パリでは『ジャパンエキスポ』が毎年開催されます	▶	The Japan Expo ~ .
★ ☐ 3	そこでは日本文化が紹介されます。	▶	Japanese ~ .
★ ☐ 4	日本の少女マンガはとても人気があります。	▶	Japanese ~ .
★ ☐ 5	恋愛感情は世界共通なのです。	▶	Romantic feelings ~ .
★ ☐ 6	『ハイパージャパン』とは、日本を紹介するイベントです。	▶	Hyper Japan ~ .
★ ☐ 7	それはイギリス最大のイベントの1つです。	▶	It's one ~ .
★ ☐ 8	イギリスでは、日本食、特にラーメンがブームです。	▶	There's a craze ~ .

> **Check!**
> 日本の「弁当文化」「弁当箱」が、フランスやアメリカでブームになっており、今や Bento（弁当）という言葉が定着しているほどだそうです（キャラ弁やアニメの食事シーンがきっかけの1つのようです）。私たち日本人にしてみれば当たり前のことが、海外の人の目には新鮮に映るという一例です。

Japanese pop culture is highly appreciated and popular around the world.
- appreciate 動 評価する

The Japan Expo is held every year in Paris.

Japanese culture is introduced there.

Japanese comics for young girls are very popular.

Romantic feelings are common throughout the world.
- common 形 一般的な

Hyper Japan is an event to introduce Japan.

It's one of the biggest events in England.

There's a craze for Japanese food, especially ramen, in England now.
- craze 名 流行／ramen 名 ラーメン

TOPIC 3 現代芸術
Modern Art

最近の日本における芸術関連トピックです。固有名詞を入れ替えて、表現を広げる練習もしましょう。

★ 1	森山未來は俳優であり、経験豊富なダンサーです。	▶ Mirai ~ .
★★ 2	彼は、文化庁から文化大使に任命されました。	▶ He was ~ .
★★ 3	彼は、イスラエルで創作ダンスグループとともに活動を行いました。	▶ He spent ~ .
★ 4	横浜ドックヤードガーデンは重要文化財です。	▶ Yokohama ~ .
★★★ 5	それは造船所の跡地で、形状を活かして劇場として使われています。	▶ It's ~ .
★ 6	クリスマスイルミネーションがけやき坂を彩ります。	▶ Keyakizaka Street ~ .
★ 7	さらに東京タワーが背景に見えます。	▶ You can ~ .
★★★ 8	イルミネーションの中に「隠れハート」を見つける楽しさもあります。	▶ People take ~ .

Check !

日本の現代芸術（contemporary art）は、多様性（diversity）に富んでいます。世界的に有名な前衛芸術家、草間彌生は、美術専門紙「ザ・アート・ニュースペーパー（The Art Newspaper）」で、「2014年最も人気なアーティスト」と発表されました。

Mirai Moriyama is an actor and experienced dancer.
- experienced 形 経験豊富な

He was appointed a Cultural Ambassador by the Agency for Cultural Affairs.
- Cultural Ambassador 文化大使／Agency for Cultural Affairs 文化庁

He spent time working with performing arts groups in Israel.
- performing art 芸能

Yokohama Dockyard Garden is an important cultural property.
- cultural property 文化財

It's the site of an old shipyard with a unique shape that is now used as a theater.
- site 名 敷地／shipyard 名 造船所

Keyakizaka Street is famous for its Christmas lights.

You can also see *Tokyo* Tower in the background.
- background 名 背景

People take pleasure in finding the "hidden heart" in the Christmas lights.
- take pleasure in 〜するのを楽しむ／hidden 形 隠された

TOPIC 4

『おもてなし』
Omotenashi

東京五輪招致活動で一気に知名度が世界レベルに広がった「おもてなし」について英語で言ってみましょう。

★ □1	笑顔は最も大切な「おもてなし」のひとつです。	▶ A smile is ~ .
★★ □2	求められてから誰かに優しくするのは、おもてなしではありません。	▶ Treating ~ .
★★ □3	たとえば、目的地に着く少し前にメーターを切るタクシー運転手がいます。	▶ For example, ~ .
★ □4	一定の距離を保ちながら、相手のことを気遣います。	▶ At a distance ~ .
★ □5	これが「おもてなし」の心です。	▶ That is ~ .
★★ □6	だれかに何かを渡すときに、そっと両手を添えます。	▶ We use ~ .
★ □7	それが奥ゆかしい空間を作り出します。	▶ It creates ~ .
★★ □8	相手への思いやりがあれば、「おもてなし」は誰でもできることなのです。	▶ If you have ~ .

Check!

東京五輪招致活動で一気に注目度が上がった「おもてなし」。たんなる「接客」や「サービス」とはちがう、日本独特の魅力の1つですが、押し付けがましく説明するのではなく、What is *Omotenashi*? などと聞かれたときに、答えられるように準備しておきましょう。

A smile is one of the most important **aspects** of *omotenashi*.
- aspect 名 側面

Treating someone kindly because it's **expected** is not true *omotenashi*.
- treat someone kindly （人）に優しく接する／expect 動 期待する

For example, some taxi drivers stop the taxi **fare meter** before arriving at a **passenger**'s **destination**.
- fare meter 運賃メーター／passenger 名 乗客／destination 名 目的地

At a distance we **feel concern for** someone.
- at a distance 少し離れて／feel concern for 気遣う

That is the heart of *omotenashi*.

We use both hands **gracefully** to hand someone something.
- gracefully 副 優雅に

It **creates** an **elegant atmosphere**.
- create 動 作り出す／elegant 形 洗練された／atmosphere 名 空気；雰囲気

If you have **consideration** for the other person's feelings, you can do *omotenashi*.
- consideration 名 心遣い

第8章 未来へ向けて… 新しい魅力

TOPIC 5

『カワイイ』文化
Culture of Kawaii

もはや"kawaii"として、英語圏でも認識されている日本の"かわいい"という価値観を表現してみましょう。

★ □1	「カワイイ」という言葉は、今や世界共通語となりました。	▶ Kawaii is ~ .
★ □2	「カワイイ」文化の発祥の地は、原宿です。	▶ The birthplace ~ .
★★ □3	かわいいファッションの聖地として、原宿は発展を続けています。	▶ Harajuku is ~ .
★★ □4	多くの海外旅行者が「カワイイ」文化を求めて日本を訪れます。	▶ Many ~ .
★★ □5	日本のファッションの自由さが海外の人たちの心をつかみました。	▶ The freedom ~ .
★ □6	きゃりーぱみゅぱみゅは世界中から注目される日本人アーティストです。	▶ Kyary ~ .
★ □7	彼女は新しい「カワイイ」文化を表現しています。	▶ She has ~ .
★ □8	「カワイイ」の中にグロテスクさを取り入れたのです。	▶ She introduced ~ .

Check!

今や全世界で通じる言葉、「カワイイ（kawaii）」。東京、原宿のファッションが「カワイイ」の発祥とされています。日本の「カワイイ」ファッションをお手本にしようと、海外から多くの人々が集まってきており、日本政府も「カワイイ」文化の強化に力を入れています。

CD 2 38

Kawaii is now a universal word, meaning "cute and sweet".
- universal 形 万人の

The birthplace of *kawaii* culture is *Harajuku*.
- birthplace 発祥の地

Harajuku is making progress as a mecca for girly and cute fashion.
- make progress 進展する／mecca 名 メッカ

Many foreign tourists visit Japan to see the *kawaii* culture.
- foreign tourist 海外旅行者

The freedom of fashion in Japan has won the hearts and minds of tourists abroad.
- freedom 名 自由

Kyary Pamyu Pamyu is a Japanese artist of global fame.
- global 形 世界的な／fame 名 名声

She has reinvented *kawaii* culture.
- reinvent 動 再発明する

She introduced weird elements to *kawaii* fashion.
- weird 形 不気味な／element 名 要素

第8章 未来へ向けて…新しい魅力

TOPIC 6 — 東京オリンピック
Tokyo Olympics

2020年の東京五輪は、世界的な関心事といっていいでしょう。友達になった外国人に説明してみましょう。

★★ ☐1	2020年、56年ぶりに東京でオリンピック大会が開催されます。	▶	The Olympic ~ .
★ ☐2	高円宮妃殿下は素晴らしいスピーチをしました。	▶	Her Imperial ~ .
★ ☐3	それは2020年の東京オリンピックを招致する助けとなりました。	▶	It helped to ~ .
★ ☐4	日本武道館は武道の競技場です。	▶	Nippon ~ .
★ ☐5	それは1964年の東京オリンピックの柔道競技のために建設されました。	▶	It was ~ .
★ ☐6	1966年にビートルズがそこで演奏しました。	▶	The Beatles ~ .
★★ ☐7	それ以来、日本のミュージシャンたちにとっての聖地と呼ばれています。	▶	Since then, ~ .
★★ ☐8	日本は1912年のストックホルム大会にオリンピック初参加しました。	▶	Japan's ~ .

Check!

2020年、じつに56年ぶりに東京でオリンピックが開催されることで、国内の熱気は高まっています。近年、多くの日本人選手たちがめざましい活躍をしています (Many Japanese athletes achieved remarkable accomplishments in recent years.) ので、メダルへの期待も高まりますね。

The Olympic Games will return to *Tokyo* in 2020 after a 56 year wait.

Her Imperial Highness Princess *Takamado* made a wonderful speech.
① Imperial Highness 殿下

It helped to bring the 2020 Olympic Games to *Tokyo*.

Nippon Budokan is a martial arts stadium.
① martial art 武道

It was constructed for *judo* for the 1964 *Tokyo* Olympic Games.
① construct 動 建設する

The Beatles performed there in 1966.
① perform 動 演奏する

Since then, it has been called a sacred place for Japanese musicians.
① sacred 形 神聖な

Japan's first time to participate in the Olympics was in the 1912 Stockholm Olympic Games.
① participate in ～に参加する

TOPIC 7 世界で活躍する日本人
Active Japanese in the World

スポーツや芸術…さまざまなジャンルで、世界を舞台に活躍する日本人は今日、大勢いますね。

★ □1 | 黒澤明は映画『七人の侍』の監督です。 | ▶ Akira ~ .

★ □2 | 彼は海外の映画に大きな影響を与えました。 | ▶ He had ~ .

★ □3 | 作家、村上春樹は、国内外からの人気が高いです。 | ▶ Writer ~ .

★★ □4 | 彼の作風は、繊細さと情熱、礼節と狂気が混在しています。 | ▶ His style ~ .

★ □5 | 大リーガー、イチロー選手は偉業をなし遂げています。 | ▶ Ichiro Suzuki, ~ .

★ □6 | 登山家、野口健はエベレストと富士山の清掃登山をしました。 | ▶ Alpinist ~ .

★★ □7 | 彼は、環境問題は自分の手で変えられるのだと信じています。 | ▶ He believes ~ .

★★ □8 | ゴルフ選手、松山英樹は世界から注目を浴びています。 | ▶ Golfer ~ .

> **Check!**
>
> 今や多くの日本人が世界で活躍していますが、こと英語に関して言うと、その草分け的存在は、ジョン万次郎ですね。1854年の日米和親条約（Japan-US Treaty of Peace and Amity）締結に尽力した人物で、日本最初の本格的な英会話教本である『英米対話捷径』を書いた人でもあるのです。

Akira Kurosawa is the movie director of "Seven Samurai."
- movie director　映画監督／※主語が故人の場合、過去形を使うこともあります

He had a great impact on overseas movies.
- impact　名 影響／overseas　形 海外の

Writer *Haruki Murakami* is very popular at home and abroad.
- at home and abroad　国内外で

His style is a composite of delicacy and passion, or courtesy and madness.
- composite　名 混合物／delicacy　名 繊細さ／courtesy　名 礼儀正しさ

Ichiro Suzuki, a major leaguer, has made glorious achievements.
- glorious achievement　偉業

Alpinist *Ken Noguchi* climbed and also cleaned Mt. Everest and Mt. *Fuji*.
- alpinist　名 登山家

He believes that he can change the problems of the environment by himself.
- environment　名 環境

Golfer *Hideki Matsuyama* is now gaining the attention of the entire world.
- gain attention　注目を集める／entire world　全世界

TOPIC 8

日本を愛する外国人
Fans of Japan

じつは有名な外国人の中には、日本びいきの人も大勢います。ちょっと見てみましょう。

★★ □1	シンディ・ローパーは東北の被災地でコンサートを行いました。	▶ Cyndi Lauper ~ .
★ □2	彼女は日本の子供たちに笑顔を届けたのです。	▶ She brought ~ .
★★ □3	トム・クルーズは、来日の際に日本の文化に興味を持ちました。	▶ Tom Cruise ~ .
★★ □4	彼の日本愛は、映画『ラストサムライ』を制作するひらめきとなりました。	▶ His love ~ .
★ □5	日本では、10月10日は「トム・クルーズの日」と認定されました。	▶ In Japan, ~ .
★ □6	ボリス・アクーニンは親日家のロシア人作家です。	▶ Boris Akunin ~ .
★★ □7	彼は自分のペンネームを日本語『悪人』から名付けました。	▶ He gave ~ .
★★★ □8	高見山は、大相撲初の外国出身の幕内優勝力士です。	▶ Takamiyama ~ .

> **Check!**
>
> 日本を愛する外国人は、ここで紹介した人以外にももちろん多くいます。例えばアメリカ人ギタリストのマーティ・フリードマン (Marty Friedman) は、<u>アリゾナ州で開催された日本語弁論大会で2位を獲得した</u> (He took second prize in a Japanese speech contest in Arizona.) ことがあるそうです。

Cyndi Lauper held a concert in the **earthquake-hit area** in *Tohoku*.
- earthquake-hit area 被災地

She brought smiles to Japanese children.

Tom Cruise was **fascinated** by Japanese culture when he visited Japan.
- fascinate 動 〜を魅了する

His love for Japan **inspired** him to produce the movie, *The Last Samurai*.
- inspire 動 〜に着想を与える

In Japan, October 10th was **declared** "Tom Cruise Day."
- declare 動 〜を宣言する

Boris Akunin is a **pro-Japan**, Russian writer.
- pro-Japan 形 親日の

He gave himself the Japanese pen name of Akunin, meaning *bad person*.

Takamiyama is the first **foreign born** *sumo* wrestler to win the **top division** championship.
- foreign born 外国出身の／top division 幕内

TOPIC 9

クール・ジャパン
Cool Japan

日本食や宿坊など、来日外国人の関心が高いトピックについて、英語で表現してみましょう。

★
□1 | 和食ブームが到来しています。 | ▶ Japanese food ~.

★★
□2 | 外国人たちは職人のたくみな包丁さばきに魅了されています。 | ▶ People from ~.

★
□3 | これにより外国人の包丁に対する関心が高まりました。 | ▶ This has ~.

★
□4 | メニューとして、レストランの前に食品サンプルが並んでいます。 | ▶ Wax-model food ~.

★
□5 | それらは本物と見間違えるほど精巧にできています。 | ▶ They are ~.

★
□6 | 多くの外国人観光客が和歌山県の高野山を訪れます。 | ▶ Many foreign ~.

★
□7 | 彼らは寺に宿泊するのがクールだと考えています。 | ▶ They think ~.

★★
□8 | 彼らは精進料理を食べたり写経をしたりして数日を過ごします。 | ▶ They spend ~.

Check!

そもそも、クール・ジャパンとは、日本独自の文化が世界で評価を得ているということを意味しています（Cool Japan means that the culture unique to Japan gets a good valuation world-wide.）。ちなみに、日本一クールな観光地は？というアンケートで、原宿の竹下通りが1位になったそうです。

CD 2　42

Japanese food is undergoing a boom around the world.

People from other countries are fascinated by the expert handling of the *houcho* by Japanese chefs.
① fascinate 動 魅了する／expert 形 熟練した／handling 名 取り扱い

This has raised the awareness of *houcho*.
① raise 動 上げる／awareness 名 認知度／包丁 = kitchen knives

Wax-model food is displayed as a menu in front of restaurants.
① wax-model food 食品サンプル

They are so detailed that they're easily mistaken for real food.
① detailed 形 きめ細かい／mistake for 間違いをする

Many foreign tourists visit Mt. *Koyasan* in *Wakayama* prefecture.

They think it's cool to stay at a temple.

They spend a few days eating vegetarian dishes, and doing sutra calligraphy.
① vegetarian dish 精進料理／sutra 名 経典／calligraphy 名 書道

第8章　未来へ向けて… 新しい魅力

TOPIC 10

日本ブーム
The Japan Booms

海外で起こっている「日本ブーム」について、基礎知識と英語表現を身につけておきましょう！

★ 1	日本は今や世界から注目されています。	▶ The world is ~.
★ 2	近年、伝統的な日本文化の価値が認められてきています。	▶ Recently, ~.
★ 3	2006年、英国BBC放送は世論調査を行いました。	▶ BBC carried ~.
★ 4	それによると、日本は『世界に最もよい影響を与えている国』として評価されています。	▶ It shows ~.
★ 5	日本に親近感を持っている外国人、とくに若者が多いです。	▶ There are ~.
★ 6	日本のマンガやアニメを通じて日本に興味を持った人がたくさんいます。	▶ There are ~.
★ 7	和食ブームが続いています。	▶ The boom in ~.
★ 8	2014年、和食は無形世界文化遺産に選ばれました。	▶ Japanese ~.

> **Check!**
> 日本ブームは実は昔もあったこと、ご存知ですか？ 江戸時代のオランダ貿易や明治時代の欧米との貿易で日本文化が輸出され、それが海外でブームを巻き起こしたのです。ヨーロッパにおける日本趣味はジャポニスム（Japonisme：仏語）またはジャポニズム（Japonism：英語）といいます。

The world is now looking at Japan with keen interest.
- keen interest 強い関心

Recently, the value of traditional Japanese culture has been recognized.
- recognize 動 評価する

The BBC carried out a poll in 2006.
- BBC = British Broadcasting Corp. ／ poll 名 世論調査

It shows that Japan is "the country that has the best influence on the world."
- influence 名 影響

There are many foreign people, especially younger people, who feel a connection to Japan.
- especially 副 とくに／feel a connection to ～とのつながりを感じる

There are many people who get interested in Japan through comic books and cartoons.
- cartoon 名 アニメーション

The boom in Japanese food around the world is still continuing.

Japanese cuisine was added to UNESCO's Intangible Cultural Heritage list in 2014.
- cuisine 名 料理／intangible 形 無形の／cultural heritage 文化遺産

おまけフレーズ

BONUS! しゃべりたりない人に、「**日本の新しい魅力**」に関する おまけフレーズ8本です。はりきってどうぞ!

☐ 1	イヤホンガイドを使って歌舞伎を楽しむことができます。	▶ The earphone ~.
☐ 2	それにより、あらすじ・配役・衣裳・背景小道具・約束事などが説明されます。	▶ It explain ~.
☐ 3	オリンピックでのボランティア活動は、開催国だけでなく外国人の参加も可能です。	▶ People in both ~.
☐ 4	それにより、世界の人々が東京オリンピックを盛り立てられるのです。	▶ By doing ~.
☐ 5	チャーリー・チャップリンはイギリス人喜劇俳優でした。	▶ Charlie ~.
☐ 6	高野氏はチャップリンのマネージャー兼運転手でした。	▶ Mr. Takano ~.
☐ 7	チャップリンは高野氏の立派な仕事ぶりに感動しました。	▶ Chaplin ~.
☐ 8	そのためすべての使用人を日本人にしてしまいました。	▶ That's why ~.

The earphone-guides will help you enjoy *kabuki*.
- earphone-guides　イヤホンガイド

It explains the story outline, casting, costumes, scenery and props and rules of the storyline.
- scenery　名 背景／prop　名 小道具／storyline　名 筋

People in both the Olympic host country and other countries can take part in volunteer activities.
- host country　主催国／take part in　〜に参加する

By doing so, people from all over the world can support the *Tokyo* **Olympics.**
- support　動 支援する

Charlie Chaplin was a British comic actor.
- comic actor　喜劇俳優

Mr. *Takano* **was both Charlie Chaplin's manager and driver.**

Chaplin was impressed with the work habits of Mr. Takano.
- turned over 〜 to ...　〜を…に明け渡す

That's why Chaplin hired a full staff of Japanese employees.
- hire　動 雇う

第8章　新しい魅力

ちょっとブレイク！⑧
居酒屋の英語を覚えよう！

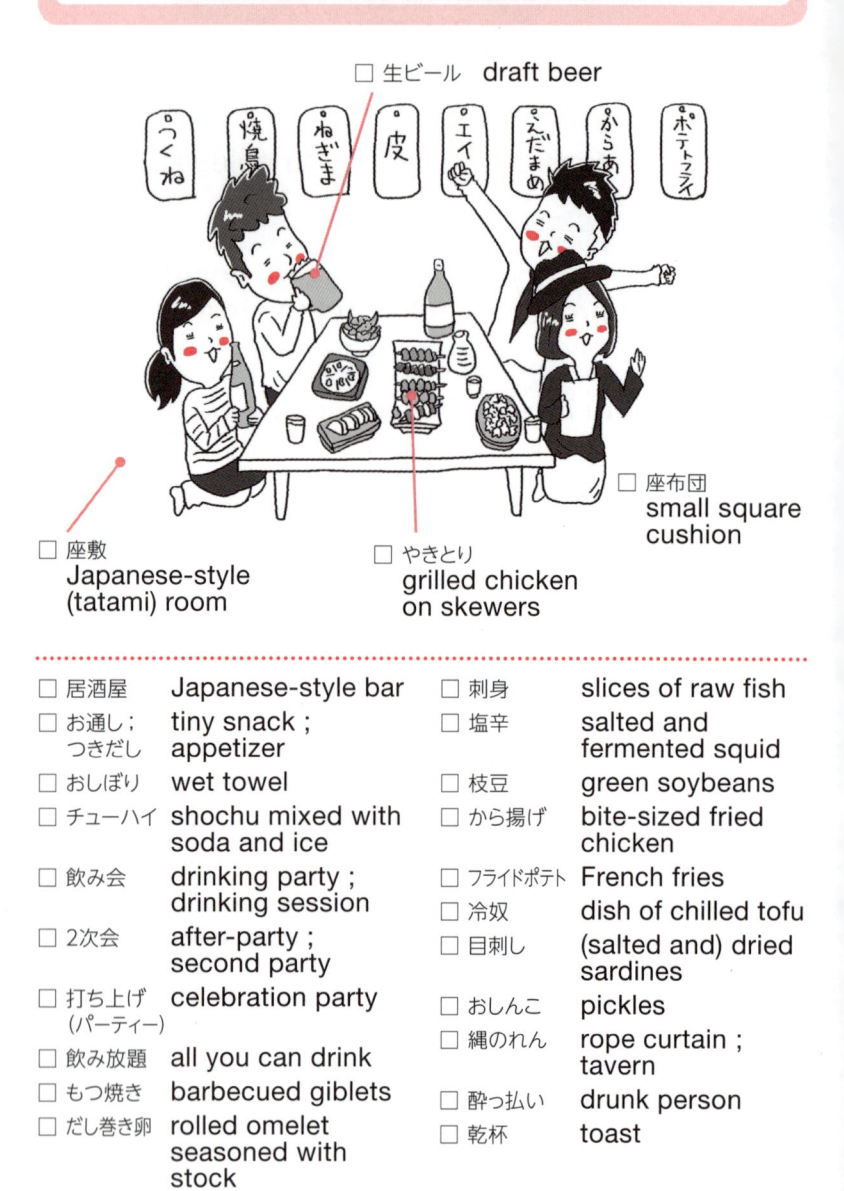

- ☐ 生ビール　draft beer
- ☐ 座敷　Japanese-style (tatami) room
- ☐ やきとり　grilled chicken on skewers
- ☐ 座布団　small square cushion

つくね／焼鳥／ねぎま／皮／エイ／えだまめ／からあげ／ポテトフライ

☐ 居酒屋	Japanese-style bar	☐ 刺身	slices of raw fish
☐ お通し；つきだし	tiny snack；appetizer	☐ 塩辛	salted and fermented squid
☐ おしぼり	wet towel	☐ 枝豆	green soybeans
☐ チューハイ	shochu mixed with soda and ice	☐ から揚げ	bite-sized fried chicken
☐ 飲み会	drinking party；drinking session	☐ フライドポテト	French fries
☐ 2次会	after-party；second party	☐ 冷奴	dish of chilled tofu
☐ 打ち上げ（パーティー）	celebration party	☐ 目刺し	(salted and) dried sardines
☐ 飲み放題	all you can drink	☐ おしんこ	pickles
☐ もつ焼き	barbecued giblets	☐ 縄のれん	rope curtain；tavern
☐ だし巻き卵	rolled omelet seasoned with stock	☐ 酔っ払い	drunk person
		☐ 乾杯	toast

●著者紹介

晴山陽一 (Hareyama Yoichi)

作家、英語教育研究家、ツイッター「10秒英語塾」主宰。1950年東京生まれ。早稲田大学文学部哲学科卒業後、出版社に入り、英語教材の開発、国際的な経済誌の創刊、学習ソフトの開発などを手がける。1997年に独立し、以後年間8冊という驚異的なペースで精力的に執筆を続けており、執筆依頼が途切れたことは一度もない。10年連続で10万部を売り続けた記録をもつ。主な著書に『英語の見方が180度変わる 新しい英文法』(IBCパブリッシング)、『話したい人のための丸ごと覚える厳選英文100』(ディスカヴァー・トゥエンティワン)、『すごい言葉』(文春新書)などがある。ここ数年はセミナーの開催、画期的な語学学習ソフトの開発、出版コンサルなど、活動の場を広げている。オフィシャルサイト　http://y-hareyama.sakura.ne.jp

本書へのご意見・ご感想は下記URLまでお寄せください。
http://www.jresearch.co.jp/kansou/

カバーデザイン	滝デザイン事務所
本文デザイン／DTP	江口うり子（アレピエ）
本文イラスト	タナカケンイチロウ
英文校正	ジャニカ・サウスウィック エートゥーゼット
ナレーション	Hannah Grace 水月優希
制作協力	大嶋敦子

誰でもできる 日本紹介英会話 大特訓

平成27年(2015年)9月10日　初版第1刷発行

著　者	晴山陽一
発行人	福田富与
発行所	有限会社 Jリサーチ出版 〒166-0002 東京都杉並区高円寺北2-29-14-705 電話 03(6808)8801(代)　FAX 03(5364)5310　編集部 03(6808)8806 http://www.jresearch.co.jp
印刷所	㈱シナノ パブリッシング プレス

ISBN978-4-86392-241-9　禁無断転載。なお、乱丁・落丁はお取り替えいたします。
©2015 Yoichi Hareyama, All rights reserved.

中学レベル だれでもできる

かんたんフレーズが英語の瞬発力を鍛え上げる！

英語大特訓シリーズ CD付

大好評

英文法 × 英会話

80の文法ルールで話しまくれ！

キーフレーズでがっちり身につける
会話できる英文法
基本720フレーズ 大特訓 CD2枚付

妻鳥 千鶴子 著　定価：1400円（本体）

「英文法」×「英会話」を同時に身につける画期的な一挙両得本。中学・高校の文法ルールを会話フレーズの中で自然にマスターする。覚えた文法知識が話すことに直結。基本フレーズ中心で、初級者も安心。720フレーズを収録。

売れてます！

接客

誰でもカンタン・テキパキ対応できる！

すぐに使える 接客英会話
鉄板フレーズ810 大特訓 CD2枚付

柴山かつの 著　定価：1200円（本体）

英語で接客するときの基本のフレーズから飲食店、販売店、施設、交通機関、トラブル対応にいたるまで様々な場面に役立つ810フレーズを紹介。左頁に日本語訳、右頁に英語フレーズの構成で、[日→英]の変換トレーニングにも効果的。

売れてます！

英会話超ミニフレーズ大特訓 ／ 超初心にも効く 英会話フレーズ大特訓 ／ 英語リスニング大特訓 ／ 英単語フレーズ大特訓 ／ 発音フレーズ大特訓 ／ 英会話フレーズ大特訓 ビジネス編 ／ 世界中で使える 旅行英会話大特訓

全国書店にて好評発売中！
商品の詳細はホームページへ　Jリサーチ出版　検索

http://www.jresearch.co.jp　**Jリサーチ出版**　〒166-0002 東京都杉並区高円寺北 2-29-14-7
TEL03-6808-8801　FAX03-5364-531（切れ）

ツイッター 公式アカウント @Jresearch　アドレス https://twitter.com/Jresearch